JN272766

話がこじれたときの会話術

ナラティヴ・メディエーションのふだん使い

G・モンク
J・ウィンズレイド 著
池田真依子 訳

北大路書房

WHEN STORIES CLASH :

Addressing Conflict with Narrative Mediation

by
Gerald Monk & John Winslade

Copyright © 2013 by Taos Institute Publications
All rights reserved.
Japanese translation rights granted by the English
language publisher, TAOS Institute Publications through
The English Agency (Japan) Ltd.

序文

　私たちはこの本を，一度本を開いてから席を立たずに読み終えられるほど，簡潔にしようと決めました。この本は，ナラティヴメディエーションの実践について書かれています[注]。この本では，様々な対立解決場面で使えるアイデアを述べていきます。私たちの目的は，ナラティブメディエーションの「なぜ」よりも「どのように」を解き明かすことです。つまり，メディエーションや対立コーチング，話し合いの多くの実践場面を簡潔な，かつ奥深い言葉で説明することを目指しています。また，実践段階の背後にある意図も，指摘したいと思います。

　さらに私たちは，家族間メディエーション，会社内や組織間の抗争，学校での関係修復のための話し合い，医療施設における医療ミス関連の対立，その他様々な実践場面から得られる「物語」を描いていきます。その中で，私たちが有用と考える多くの質問例を具体的に示し，それらが実践に沿っているものとして，読者にお勧めしたいのです。

　　注：私たちのメディエーションに関する最初の本（Winslade & Monk, 2000）は，哲学的な枠組みからメディエーションの実践方法を描き，位置づけた。2冊目（Winslade & Monk, 2008）は，ナラティヴメディエーションの理論を深め，様々な実践領域へと踏み込んだ。

ナラティヴメディエーションとは？

　ナラティヴメディエーションとは，不安や苦痛を引き起こす対立に人々が巻き込まれている状態を，物語を読み解くようにほぐしていくことです。対立の渦中にある人々は，その相手との関係を改善または少くとも別の状態にしたいと考えています。そこでナラティヴメディエーションによって，「対立の物語」を客観的に見直す機会を得，自分の望む関係を描いた別の

「物語」を紡いでいくことができます。ナラティヴメディエーションの目的は，対立の物語を明らかにする作業を経て，物事を正しい方向にできる限り持っていく可能性を探る「相反する物語」を構築していくことで，対立から起こる不和を当事者が乗り越える手伝いをすることにあるのです。

　私たちは，人々が自分についての物語を構築することで，人生や他人との関係に一貫性を持たせるのだと考えます。これが私たちが物語を重要視する理由であり，事実や原因を究明するよりも物語に意味づけをすることを大事にする所以です。個人間またはグループ間の対立に影響を与えるのは，私たちの人生物語の輪郭を作る広範な意味での社会的な力です。どんな物語も「その人に起こった出来事をつなぎ合わせたもの」であるし，どんな人間関係も複数の物語を紡ぐのです。すなわち，どんな物語にも常に相反する物語が存在するのです。

　二重傾聴，分析的質問，外在化の会話（後述する章で説明）によって，最初は優勢な対立物語の力をそぎ落とし，見落とされがちな相反する物語が影から現れる余地を作ります。そうして対立的ではない瞬間が織り交ぜられた出来事をつなぎ合わせることによって，持続可能な相反する物語を構築していくのです。ここで達成すべき目標は，①対立自体に対抗して協調の物語を発展させていけるような関係を築くこと，②対立状態が優勢な状況とは相容れない「関係の物語」を構築すること，③変化を起こし，新しい理解を持って折り合いをつける余地を生ませることです。

　これらの目標をいかに達成するかがこの本の目的です。スキルを応用する順番に従って章立てがなされています。第1章は実践を紹介します。第2章は，文化的圧力の交差点に立って対立物語を傾聴する重要性について話します。第3章は，二重傾聴のスキルに焦点を当てます。第4章は，問題を客観的にみることができるよう，問題の外面化を促す会話について紹介します。第5章は，相反する物語を紡ぐ糸口をいかに見つけるかを指南します。第6章は，その相反する物語をどのように，前に進むための基盤に発展させるかについて述べます。最後に，第7章でこれらの糸をより合

わせてつなぎ，結びとします。

　この本の出版を可能にした人々に感謝の意を表します。まず，ケン・ガーゲン氏がこの本を書くことを最初に勧めてくれました。ドーン・ドール氏が出版に向けて尽力してくれ，メリー・ガーゲン氏，ハーリーン・アンダーソン氏，ボブ・コッター氏が編集に力を貸してくれました。彼らの貢献を本当にありがたく思います。また，サスキア・ブーム氏による加筆・修正も徹底的になされました。ありがとうございます。

　私たちの希望は，読者がこの本の中に，今すぐにでも使える実践を見つけ，私たちの挙げた物語からヒントを得て自分のバージョンのナラティヴ実践法を築いていっていただけることです。

2012年8月，カリフォルニア州
　　　　　　　　ジェラルド・モンク ＆ ジョン・ウィンズレイド

目　次

序文

第 1 章　実践の紹介　1
倫理的立場　5
対立する当事者と別々に会う　7
最初のジョイントセッション　10
メディエーションと構造主義　12
要点のまとめ　13

第 2 章　文化と対立　15
調停者と文化的立場　22
文化とナラティヴの関係性　23
文化，ナラティヴ，そしてディスコース　24
要点のまとめ　26

第 3 章　二重傾聴　29
当事者たちが同席する場合の二重傾聴　31
同じ言述から 2 つの物語を二重傾聴する　34
表出された感情を二重傾聴する　35
優勢な物語中の例外に目をつける　36
要点のまとめ　41

第 4 章　外在化と影響のマッピング　43
外在化　46
問題の影響をマッピングする　48
例の追加　51
　　離婚を考えている夫婦の話　51／姉妹の対立　52

結局どこに行き着くか？（私たちにもたらすもの）　53
　　　要点のまとめ　54

第5章　相反する物語の構築　57
　　修復会議における相反する物語　63
　　対立コーチングの例　69
　　相反する物語を展開するための原則　71
　　　要点のまとめ　73

第6章　変化を持続させる　75
　　ファンタジー（空想の）物語　77
　　離婚調停における相反するナラティヴを持続させる　83
　　持続する変化の中で果たされる謝罪の役割　86
　　ナラティヴレターの書き方　92
　　　要点のまとめ　95

第7章　意図的にスキルを活用する　97
　　　前熟考の段階　99
　　　熟考の段階　100
　　　準備の段階　101
　　　行動の段階　102
　　　維持の段階　102
　　　再発の段階　102

文献　105
訳者あとがき　108

第1章

実践の紹介

　ベヴァン（41歳男性）は，1時間前に食べた海鮮物にあたってアレルギー反応を起こし，救急処置室に運ばれた。舌や顔が腫れ，重度のアレルギー反応と診断されて，エピネフリンを投与される。

　ベヴァンの体調は改善の兆しをみせていたが，経過観察のため病院に留まっていた。少しすると，症状の一部がぶり返す。2度目のエピネフリンが投与される――これは，持続するアレルギー反応の症状を軽減するための典型的な処置である。

　しばらくのち，ベヴァンは胸部の痛みと息切れを感じるようになる。彼のバイタルサイン（血圧や心拍数）は悪化し始める。救急医のガーランド医師は，チャートを見直してベヴァンが推奨量の10倍のアドレナリンホルモン剤を注射されていたことに気づく。この過剰摂取で，もう少しで彼は死ぬところだった。このひん死体験により，ベヴァンは治癒できない心臓障害を患うことになる。この障害は，心臓移植候補者として移植リストに載るほど重度であった。

　ベヴァンの家族や友人は最初，何が起こったのか信じられなかった。彼らは起こったことを理解するのに苦労していた。ベヴァンが彼らと一緒に夕食を食べていたと思ったら，その数時間後もう少しで死ぬ経験をし，さらに今，彼が医療従事者の致命的なミスで永久的な障害を負うと聞かされ

たのである。この一連の事態が，ベヴァンとその家族と，病院側とその医療スタッフとの間の対立へと向かっていくのは，火を見るより明らかであった。

　物語の本筋にはあとで戻るとして，ここでまず，これらの一連の出来事を単なる個人的な現象としては，十分には理解できないと気づくだろうか。文化的な文脈の中で起こった出来事だからである。人間に起こりうるどんな悲劇に遭遇しても，対立の原因になりうる人間同士の交流がある職場で，背景にある文化的ナラティヴを明らかにするのは容易い。医療現場は，様々な文化的圧力が交差して，具体的な形で個々人の反応や対人摩擦が生まれる場所である。この文化的圧力をある程度分析していくところから，高度に複雑な文脈でナラティヴメディエーションを実践する例を解説していこう。

　21世紀初頭，多くの人間が，病院とは病気の人を治す場所だという考えを持っていた。地域社会には，看護師や医師を信頼して治療を任せるという考え方が蔓延している。医師や看護師は治癒に向けて休むことなく働くもので，現代医療は奇跡を起こせるものだと，私たちは多くの情報源から学んでいる。私たちは，最新の科学的知識や証拠に基づく実践に裏づけられた，最高の医療で治療されることを期待する。しかし，どこでそんな考え方を身につけているのだろうか。

　答えは，映画やテレビドラマ，ドキュメンタリーで語られる物語から，または研究報告を読む，家族のだれかからの直接的な説明を聞く，自分自身医師とかかわったり病院で治療を受ける，という経験を通して，私たちは例の考え方を吸収しているのである。言い換えれば，ミシェル・フーコー（Foucault, 1989）の「ディスコースの偉大なる匿名のつぶやき」(p.27)から得る情報で，自分たちを情報漬けにしているといえる。

　アメリカ合衆国では，医療ケアプランをめぐって消費者の獲得合戦が病院間で繰り広げられている。ある大手医療システムの最近出た広告のうたい文句には，患者とその家族に「臨床的な優秀さ」や「最高の患者ケア」

第1章　実践の紹介

を約束し，自分たちが「毎日正しいことをする」「地球上で最高の医療提供者」であると述べ立てている。別の医療システムは，「あなたの生活をよりよくします」と豪語する。多くの医療システムが誠実さや公正さ，信頼性の高さを倫理基準と主張し，自分たちからケアを受ければ最高級の医療ケアを約束すると言いつのる。これらが，背後にある医療システムのディスコースの「つぶやき」なのである。

こういった広告キャンペーンは，病人に良質で安全なサービスを提供するという文化的ナラティヴを強調している。これらの文化的ナラティヴを頭の中に取り入れていくにしたがい，それが私たちの期待となり，医療システムとかかわる際に私たちが話すことや感じること，行うことに影響を及ぼしていく。

しかし，医療系ナラティヴの熱烈な約束にもかかわらず，日常的に不注意からくる危害が患者に加えられている。治療に関する背後の想定・期待が侵害されたとき，患者は自分の身体機能に被害を被るだけでなく，医師や看護師から個人的な裏切りを受けたと錯覚する。「私をケアすると約束したのに果たさなかった！」と憤る。

病院を舞台にしたこのような危害は，私たちの多くが知覚する以上に日常的に起こっている。アメリカ合衆国における病院での医療ミスは，死因の5～8位である（Kohn et al., 2000）。医療ミスによるアメリカ人の死は，乳がんや交通事故，エイズによる死よりも多いと報告されている。コーンらはまた，病院に足を踏み入れる患者の5～10％が医療ミスの犠牲になる，という驚くべき数字を報告している。悲惨な結果に苦しむ患者の家族たちは，輝かしいケアへの約束と不注意な危害による現実的苦悩とを比較して，その違いの理解に苦しんでいる。

ベヴァンの家族，特に彼の妻と彼の父親は，ショックと怒り，悲しみの波に溺れていた。ベヴァンを治療するのが仕事であるはずの医療専門家の手に，息子であり夫である彼を信頼してゆだねた結果起こったことを受け入れられないでいた。今や彼らは，医療従事者たちとの解決しそうにない

対立に巻き込まれ，絶望していた。友人たちはすでに，病院やかかわった医療関係者を訴えることを話し合っていた。

　しかし，ディスコースのつぶやきの犠牲になったのは患者だけではない。医療従事者もまた，これらの文化的圧力に影響されている。彼らは医学部の学生や病院の研修医として，医療サービスを提供する上で完璧であるように訓練を受けてきたのであって，間違いを犯すことを習ってきたわけではない。医師や看護師が悲惨な，あるいはそれほど重大ではなくても予想外の予防可能なミスを犯したとき，その影響は甚大である。医師がこれらの事態をどう処理するかといえば，多くは自らの手で患者に危害を加えてしまったと思い，自分の臨床能力や知識基盤に疑問を持ち始め，自分のキャリア選択を疑問視するようにさえなる。ウー（Wu, 2007）は，患者に危害を与えることを禁制するヒポクラテス宣誓——医師が実務に就くときに宣誓する倫理綱領——を破ってしまう局面に立たされたときのある医師の反応の強さを，以下のように描写している。

　　事実上どんな医療従事者でも，間違いを犯したと気づいた時の不快感を知っている。（中略）告白すべきなのに，予想される処罰と患者の怒りに恐れおののく。患者やその家族に過剰に気を配るようになり，そうすることで不具合を早めに嘆いて，もしそのミスを伝えていない場合，彼らが気づいているかどうかを気にしながら反応を伺う。(pp.726-727)

　エピネフリンの過量投与事故にかかわった医師は，この医療ミスの甚大な影響とそれに伴う家族の激怒に直面し苦悩していた。ガーランド医師は，事態の処理の手助けをしたいと思っており，ベヴァンとその家族に危機的事態を詳らかにする機会を必要としていた。

　ナラティヴ調停者は，メディエーションの成果として，対立する双方が合意に至るまでを手助けするだけではない。さらに大事なこととして，相互理解を促し，相互に尊重し合える方向に向かわせるナラティヴを構築す

ることを目指す。これを基盤に，合意や一連の行動措置が決定されるからである。

対立のナラティヴ分析では，個人の行動や期待，利害に限定的に注目することを避ける。その代わり，個人が何を受け入れ，基準とし，正しいとみなし，可能とするかの定義を知るため，背景にある文化的条件またはディスコースに注目し，関係ある要因としてとらえる。当事者の社会的，文化的視点を明らかにすることで，彼らが対立をどのように考えているかの理解が進み，前進する道すじを見つける手助けをする。このナラティヴメディエーションの要点と対象をなすのは，個人の利害が渦巻く場としての文化的側面をほとんど参考にしないメディエーション方法である。この方法は，個人の内面的動機付けに焦点を当て，当事者の隠れた利害を明らかにして解決を図るものである。

次項では，ナラティヴメディエーションの主要点について述べる。これらの基盤的要点は，他のメディエーション方法と一線を画すものである。この章の冒頭に紹介した対立例を利用して考察していこう。

◆倫理的立場

ナラティヴ調停者は，どんな対立状況にも強力なエネルギー（圧力）が働いているものと承知している。この圧力には，調停者自身の応答を形成する文化的ナラティヴも含まれる。その結果，多くのメディエーションモデルでも調停者の基本的特質とされる公平さ，中立性，客観性という規範を，実践で順守することはできない。対立構造の中で紡ぎ出される文化的な「糸筋」に，調停者は様々な角度から引っ張られる。どんな調停者でも，耐え難い事実により愛する人が甚大な被害を受けたときの家族の絶望的な気持ちに面して，中立な反応を示すことはできない。調停者自身も，家族のメンバーであり患者でもあるからである。

一方で調停者は，医師側の反応を形成する専門的立場を考慮すると，その事実にまったく影響されずにいることもできない。調停者もまた，職業

的専門家だからである。個人的なレベルで，訴訟を考えている憤った家族に面と向かうときに医師が経験するだろう恐れや自己批判を，調停者自身も察することができる。

調停者はまた，メディエーションの依頼主・雇用主の「凝視」からも影響を受ける。ある医療現場では，医療関係の対立を治めるために調停者を雇っている。彼らの仕事は，家族が受けるべきサービスを受けられるよう確保したり，対立を生んでいる問題に対処したりする。彼らはもともと，収拾のつかない事態が高額の訴訟問題に発展しないよう対立状態を解消する，という職務の遂行を期待されているのである。

調停者が反応において中立・客観的・公平ではあり得ない一方で，どちらかの側を故意にひいきしていては，免許を持つ職業専門家として自分をみなすことはできない。少なくとも公明正大であろうと努力するべきである。つまり，調停者は，自身とは多かれ少なかれ異なる人間に興味を持って接し，その人間の悩みをより深く理解しようと努力をするものである。その場合，調停者の持つべき有効な規範は，中立性よりも反射性である。ある人間について，自分がどこまでよく理解しているかを説明できる状態にしておくことである。例えば，調停者がよく繰り返す質問に，「あなたのおっしゃることをうまく理解しているでしょうか」というのがある。様々な角度から調停者を引き込もうとする背後の文化的圧力に気をつけていれば，実際に調停者がすべての当事者の悩みに敬意を表したままでいることは可能である。

ナラティヴメディエーションではまた，それぞれの側のどんな本質的な欠点でも，対立の原因に仕立て上げることのないよう気をつけなければならない。欠点をあげつらうことを避け双方に心からの敬意を示すには，例えば精神疾患などの病状で人を判断したり解釈したりするよりも，彼らを人として真剣に受け入れることができなければならない。これは「人が問題なのではなく，問題が問題なのである」（White, 1989, p.6）という想念を一貫して持ちつつ仕事をするということである。

この章で利用している例では，調停者は患者や家族の苦悩と同様に，医師の苦悩へも気を配っている。さらにそれらの苦悩が生み出される際に働いた文化的圧力にも，興味を示している。このプロセス中，調停者は度々自分自身の反応がどう文化的ナラティヴによって形成されているかをチェックしている。

メディエーションが行われた場所も，文化的な圧力がなるべくかからないとりとめもない場所だった。たとえば，悲劇が起きた病院で医師と会うように計らわれていたならば，ベヴァンの家族は強い反応を起こしたりある程度脅威に感じたりしたかもしれない。家族と医師の双方がくつろげる場所を選ぶことは，公平な方法でメディエーションを実施する上で，必要不可欠な環境作りである。

◆対立する当事者と別々に会う

ナラティヴ調停者はたいていの場合，初回は別々にそれぞれの側の当事者と会うことを望ましいとする。その後も定期的に別々のセッションを行い，内密に済ませた方がよい事柄を話し合う。対照的に，中立性と開放性を提示するため，双方が出席したジョイントセッションでしかクライアントと会わないという断固とした方針をとっているメディエーション方法もある。しかし，私たちの経験上別々のセッションから始めたほうが，好ましい結果を導きやすいことがわかっている。

このケースでは，患者であるベヴァンと彼の家族と，別のときに医師と，それぞれミーティングを開くことは重要と思われた。別々のミーティングで，調停者は事態にまつわる感情的な影響を明確に理解し熟知できるからである。ガーランド医師も，この悲惨な出来事の及ぼす自分自身の生活やキャリアへの影響を，怒れる家族の前で話すことはまずないだろう。したがって，彼にも別々のセッションを通して，家族の嘆きをエスカレートさせることなく，どう悲しみを表現し，起こったことをどう説明をするかについて自身の考えを整理することが必要だった。

別々のミーティングではまた，ジョイントセッションでは明かされるとは限らないそれぞれの隠れた懸念について，調停者は直接知ることができる。対立する相手が存在する場では，自分たちを傷つけるさらなる攻撃材料を提供するおそれがあるため明かされない，繊細で私的な情報が語られることも多い。調停者はまた，後のジョイントメディエーションで相互理解と合意に至るための，それぞれの側の資源や強みを引き出すことができる。おそらく最も大切なことは，別々のミーティングで調停者とそれぞれの側との間の信頼と理解を深める機会が得られることだろう。調停者はそれぞれに，当事者らが経験している悲しみや動機となっている懸念を大切に思っていると示すことができる。また，それぞれの側が影響を受けている具体的な争点を明確に把握していると示すこともできる。
　ベヴァンと家族の争点は以下のとおりである。

- ベヴァンを死に至らしめ得る行動によって，本来彼を治療するはずの医師への信頼が裏切られた。
- 正義を望み，病院と医師に説明責任があると考えている。
- ベヴァンの生きるための日々の苦悩に対処するとき生じるストレスには，寝不足，経済的問題，対人関係へのしわ寄せがある。
- ベヴァンの将来と早期死亡の可能性について強い懸念を持っている。
- 仕返ししたいという欲求の波を感じている。

　ガーランド医師の争点は以下のとおりである。

- 医師として自信を喪失しており，個人的挫折感と戦っている。
- 挫折感に伴って，抑うつ感も経験している。
- ベヴァンの家族と彼らの怒りに向かい合うときの恐れで衰弱している。
- 家族にどのように深い遺憾の意を表すべきか，毎日のように思い悩

んでいる。

　調停者は，外面化の対話（第4章参照）を両者と別々に実施し，両者を苦しめている事柄を挙げてもらい，その影響についても明確にした。この対話で，調停者が対立の周辺の感情的景観を描き出して，当事者が本当に取り組みたい懸念を考察する。両者が実際に顔を会わせたいかどうかを確認した後，続くジョイントセッションで何に取り組み達成したいかを，双方に具体的に言語化するよう求める。それぞれに投げかける質問としては，以下のような例があるだろう。

「ジョイントミーティングの最後に，あなたの到達したい状態とはどんなものですか。何によってそのミーティングの意義を見出すことができますか」
「ミーティングのおかげで事が前に進んだと判断できるとしたら，どんな点ですか」

　別々のミーティングの最後に投げかけられるこれらの質問に答えられれば，当事者は以下の点を達成できるだろう。

- 自分の持つ期待が実現可能性という点で現実的かどうか調整できる。
- 自分の望む成果を明確にして，その成果に結びつけて物事を考えることができる。
- 自分の望む成果に影響を与えているかもしれない文化的ディスコースを検討できる。
- ジョイントセッションでのふるまいの基盤となる，前面に押し出しておきたい価値観，希望，欲求を明らかにできる。特に，対話が「問題の浸み込んだ対話」に取って代わられそうになったときに有効である。

ベヴァンの家族の主な懸念は二重であった。まず，彼らは前に進む道を見つけたいのであって，悲しみや不安によって麻痺状態になりたくはない。次に，医師や病院に説明責任を全うしてもらい，家族に何らかの方法で報いてほしい，というものである。

ガーランド医師の主な懸念は，この悲劇を過去のものにしたく，家族に補償することだった。彼には心からの謝罪を述べる用意があった。また，自信を取り戻して現場に戻るか，あるいは医師を完全に辞めて別の職業に就きなおすかしたい，という希望があった。このようにして個別のセッションで，ジョイントセッションへの準備が整った。

◆最初のジョイントセッション

他の多くのメディエーション方法でも同様だが，メディエーションの過程は，調停者がジョイントミーティングの構成を伝えるナラティヴオリエンテーションから始まる。当事者間の対話の進行役という役割を説明することで，相互理解を深め，望ましい成果へと前進するよう模索できる。調停者は，当事者を特定の行動へと導く裁判官ではないことを説明する。同様に，どちらかの見解がより正当で真実であるという判断をするものでもない。ナラティヴ実践家は，別々のセッションで描いた希望を実現する機会は当事者が持つ，という事実を明確にすることに心を砕く。この明確化は，対立に至る原因となった困難な事柄に対する理解を深めていけば，達成できる。

ナラティヴメディエーションでは，一般的な職業的使命とされる「具体的で詳細な合意に達すること」よりも，それぞれが定めたゴールに向かって共通理解を培うことに重きを置く。上述のシナリオでは，ベヴァンとその家族が経験した苦悩，侵害，裏切りは，金銭的補償のような表面的合意だけで収まるものではなさそうだった。メディエーションの場で，家族がまず最初にそして最も欲しいものは，彼らの苦悩に対する人間的な反応だった。ガーランド医師が家族に対してできる最も効果的なことは，「あ

なた方の苦悩を心から感じている」と表現し，彼もまた事故に打ちのめされていると示すことだった。

　このシナリオの当事者の懸念に取り組む際，よい関係性の雰囲気を醸し出せば，必要な変化を促しやすくなる。懸念事項にじっくり取り組み，具体的な内容を早く持ち出しすぎないようにして，お互いを尊重し合い安全な関係を保てる空間を丁寧に作り上げることに集中する。お互いを嫌悪した状態で手間のかかるブレインストーミングの段階に後戻りするのは，調停者にとってよっぽど危険である。状況によっては，ナラティヴ実践家がブレインストーミングを使って具体的な可能性の模索に集中することもあるが，調停者がメディエーションの過程を，ブレインストーミングから始めることはない。理解を深めるという目的で進められる対話の中から，関係性の物語を紡ぎだすことに主眼が置かれる。

　調停者が個別のミーティングですでに確認していたように，ベヴァンとその家族は謝罪と苦悩に対する認知を，また，この医師や医療システムがこのような間違いを他の人に二度と犯さないという確約を欲していた。この件では，この家族にとって前に進むための道を開くのが，苦悩に対する認知だった。病院の経営代表者との個別のミーティングで，調停者はすでに病院が，ベヴァンの被った危害への責任をとり，薬品調達システムを改善する方法を模索する意思があることを確認していた。このような姿勢が，ベヴァンやその家族のような立場の人間にとって，正しい方向に大きな第一歩を踏み出す助けとなる。この基盤をもとに，病院は政府や州が定めるガイドラインに沿って金銭的示談を進め，このような規模の大きな損害に対する和解が成立するのである。

　ナラティヴ調停者は，当事者全員が引き続きナラティヴを構築できるよう努力を続ける。ガーランド医師にとってはメディエーションが，隠れて身を守る場としてではなく医療ミスに対する彼の悲しみや挫折感を表現する場として機能するだろう。医療ミスに対処する古典的な方法をとって「隠れて身を守る」と，たいてい悲惨な孤立が伴う。ナラティヴ調停者は，一

連の強力なメディエーション技法を使いこなして，3，4回ほどのジョイントメディエーションセッションを生産的に進める。そして，最終的に相互理解を可能な限り深めて，皆が前進するための共同案を出すことを目指す。後続の章でこれらのメディエーション技法や手段を詳しく述べるが，以下のとおり挙げられる。二重傾聴，対立の影響の外在化とマッピング，協調の物語の構築，前進するとき基盤になる相互理解の生成である。

◆メディエーションと構造主義

　ナラティヴメディエーションは，内容や論理的根拠のないただの手段や技法の集まりではない。確固たる一連の理念を基盤にしている。いくつかの運動のもとになった理念，例えばナラティヴ理論，フェミニスト政治学，ポスト構造主義，社会的構造主義心理学が含まれるが，それらから引き出された理論的基盤が，実践上具体化したものである。構造主義は特に，個人や家族の普遍的・基本的な心理学ではなく，個々人の文化的文脈を強調している（Berger & Luckmann, 1966; Burr, 2003; Gergen, 2009）。つまり私たちは，人生を通して学ぶ文化的パターンの継承者かつ再生者であるという。この観点から，文化とは，個人の性質の周りを包むチョコレートの膜のようなものではなく，生物学的レベルで個々人を定義するすべての要素，または個々人が他人にどう反応するかという違いほど，基本的なものであるといえる。

　ベヴァンとその家族と，ガーランド医師を含む病院代表者とのやりとりは，単なる個人的利害または個人の感情的経験の表出に留まらなかった。社会的構造主義的な方向づけのおかげで，対人関係に作用している力がどう個々人の反応を作り出すのかという理解につながった。この力には，人が相手に及ぼしたい影響力（または及ぼすのに成功した影響力）もあれば，相互に及ぼし合おうとする影響のせいで対立を生んでしまう力もある。相互に影響を及ぼし合うすべての関係を，この意味で「勢力関係」と呼ぶ。勢力関係は，構造主義者やポストモダンの研究者が分析してきた概念であ

る。また、フーコー（Foucault, 1980, 2000）、ブルーナー（Bruner, 1986）、リオタール（Lyotard, 1984）やデイヴィズとハレー（Davies & Harré, 1990）のような解説者も、浸透している社会的・心理学的規範や、ナラティヴの軌跡に変化をもたらす事象、そして優勢なディスコースの影響を位置づけるもの、これらによって勢力関係は形成されていくと定義した。しかし、この構造主義的分析もまた、当事者が示すある能力に注目する。それは、自分たちを支配的な文化的理念から切り離し、文化的に生み出された対立を解決する創造的な方法を思いつくという能力である。このように大枠で図式をとらえても、メディエーションで成果を生むのに必ずしも複雑でありすぎることはない。実は、逆に単純にもできるし、複雑さを複数の可能性とみることもできる。これが、この本で正確に描写しようとしていることである。つまり、可能性の物語をいかに綿々と続く対立から救い出すか、ということである。

◇要点のまとめ◇

・対立は、単に個人の利害の衝突から起こるものではない。文化的圧力からも生み出されるものである。
・個人の利害には、文化的圧力がかかった内在的要素が含まれることが多い。
・ナラティヴメディエーションは、理解、尊重、協調が深まった関係性のナラティヴを構築することに焦点を当てる。それを基盤に、必要ならば合意に至らしめることができる。
・メディエーションの目標は、合意に至ることだけではなく、人々が前進する道を自分で見つける手助けをすることである。
・中立性や公平性は調停者にとって現実的な倫理目標ではない。
・より有効な倫理規範は、反射性を実践で使うことと、当然存在する調停者自身のバイアスについて、当事者に説明できる状態に保つことである。

・ナラティヴの実践は「人が問題なのではなく，問題が問題なのである」という想定のもとに成り立つ。
・ジョイントメディエーションミーティングの前に，可能な限りそれぞれの当事者と別々に会うことを勧める。
・ナラティヴメディエーションは，対立状態にある人々の反応は人々の間に作用している力から作り出されるという構造主義的理念のもとに成り立つ。
・対立には常に勢力関係がはたらいている。
・ナラティヴ実践上経験する複雑さは，障害物というよりも資源である。常に他の道すじの可能性を広げてくれるからである。

第2章

文化と対立

　最近，私（ジェラルド）は，近くの島で休暇を過ごした後，セイント・トーマス島（美しいカリビアンの島）からアメリカ合衆国の国境を越えた。9/11後にアメリカ合衆国へ向けて旅行したことのある者なら皆知っているように，アメリカのセキュリティ，パスポート審査，移民管理・税関局を通過するのはかなり難儀である。ジャケットや靴，ベルトを脱ぎ，携帯電話，財布，そしてパソコンをプラスチックのトレイに並べてセキュリティX線機器に通すといった儀式は，熟練した旅行者ならば慣れたものだろう。この文化的儀式を，私は毎年何度も何度も執り行う。アメリカ合衆国安全保障局のこの儀式に不慣れな人々にとって，何をすればよいのか慌ただしく感じて混乱してしまったり，何を期待されているかを理解するのに時間がかかったりする。

　セキュリティのチェックポイントで形成される長い列の先端で，人々が1，2分使って自分のすべきことを成し遂げるあたりでは，緊張感が増す。移民局の審査官が時間を取りすぎている人物を確認すれば，このストレスフルな場の緊張感をこれ以上高めないために，人々を，列の流れを止めないようにその人物を通り越して別のポイントに誘導する。

　さて，セイント・トーマスでの列もとても長かった。私の前にいる人物は，おそらくアメリカのセキュリティチェックポイントを通過したことが

ないようだった。この人物を待つこと数分後（のように思えた），後ろに続くイライラした旅行者にはまったく気づいていないこのうろたえて気を取られている乗客を，私は正しいことだろうと思って通り越した。私はセキュリティ審査官が，立ち往生している人物をさっと通り越して列が進むように計らった私の行いに感謝するだろうと思った。この段階では，私とX線機器の間にはそのセキュリティ審査官しかいなかった。彼女が私に前へ進めと合図してくれると期待しながら，私はX線機器の方へ進み出た。

その代わりに，彼女は手を挙げて強い調子で，「後ろに下がれ！」と叫んだ。彼女は私の行いを目撃していたため，いくらか攻撃的かつ命令口調で，「あちらに立ちなさい」と言った。

この瞬間，「力線」（哲学者ジル・ドゥルース（Deleuze, 1988）による造語）が彼女とのやりとりでピンと張ったことを感じた。私はこのセキュリティ審査官との間に生まれた勢力関係の只中にいたわけだが，彼女の命令口調の背後には，アメリカ合衆国政府に行き着く権力の糸が伸びていた。もちろんこの権力に立ち向かうことはできたが，私が可能な限りエネルギーを終結させて反論しても，彼女の言葉の背後にある「力線」の強さに対抗できそうにはないとわかっていた。私は慎重に，穏やかに意義を唱えることにした。

私は今，X線機器の目の前に立っているが，通過を許可されていない。時間が経ち，うろたえている例の旅行者がやっと，X線機器を通過する様子をみせた。例の審査官は，国土安全保障省によって掲げられた「すべての乗客は，業務上礼儀正しい対応を受ける権利がある」と書かれた大きなポスターの下に立っている。

彼女は私を少し長めに待たせ，やっと機器の下をくぐらせた。その時点で私は，無礼な扱いを受けたと怒りを感じていた。ただ列を前に進ませる従順で素直な旅行者であろうとした私に対して，審査官が明らかに業務上の行動規範に違反するような攻撃的な口調で命令したことに腹を立てていた。自分の持ち物をベルトコンベアから寄せ集めているとき，例の審査官

第 2 章 文化と対立

が話しかけられる距離に立っていた。

　この時点ですでに X 線機器を通過していたためもう大丈夫だろうと思い，私は彼女に「なぜあなたはそんなに無礼で攻撃的なのだ」と言うつもりだった。その代わり，私は侮辱に対する怒りをやっと抑えながら，「私の前に明らかにだれもいないとき，先に X 線機器を通過させる代わりになぜ私を脇に立たせたのか，知りたいのです」と聞いてみた。

　彼女は冷静沈着に，「お客様を先にお通しすることは，ここではマナー違反なのです」と答えた。この回答で，私の私的な怒りはすぐに和らいだ。私たちはお互い束縛されているセキュリティの儀式について，まったく異なる意味づけをしていたのである。私は彼女を，強大な国土安全保障省に始まる力線によって与えられた権力を行使する，厳格で懲罰的な人間とみていた。彼女の眼には私が，順番を無視して文化的規範である礼儀をわきまえない，行儀の悪い，権利を主張してばかりいる旅行者，と映ったのである。彼女が毎日，様々な手段で優越感を出しながら権利を主張し，彼女を単純労働の低賃金雇用者として扱う多くの人々を見てきていることは疑いがなかった。したがって，例の状況での私への反応の裏には，明らかに別の力線が張られていた可能性がある。権力の力線というよりも，おそらく社会的地位の差から発している力線かもしれない。例の時点では，複数の力線が交差していたと思われる。その結果，私たち 2 人とも，敬意ある正しい行いへのお互いの期待に応えていなかったのである。

　この物語を，ナラティヴメディエーションの観点から対立の根底にあるものを少しずつほぐしていく最初の段階として紹介した。このような日常的に起こる些細な出来事を利用して，人間社会に起こる対立の本質や原因を理解するため，ナラティヴ的視点の応用を描写できる。特に，セキュリティ審査官と私の行動は，それぞれの利害や動機，信念，価値観だけに基づいて理解しようとしても，充分にはできない。どちらも，個人として端を発してはいない，複雑な文化的圧力の交錯地点でなされたやりとりに参加していただけである。こう指摘するのは，多少は関係することではある

17

が，私たちがそれぞれ属する文化的カテゴリーの違いをわざわざ示すためではない。むしろ，文化的ナラティヴを利用して実践が行われる点において文化について考えるのが最も妥当な視点であり，この文化的ナラティヴは様々な種類の力（または力線）から繰り出されるもの，という前提から始めるべきである。

しかし，この視点は比較的近年に，文化理解のため構築されたものである。構造主義者の世界観を通して展開した哲学的変遷に伴って，築き上げられたともいえる。この視点により，文化は常に変化する過程であると理解されるようになった。人々が活発に物事に意味づけして起こる変化と，競い合うナラティヴの軌道がどの時点でどう交錯するかによって起こる変化の過程である。ある特定のカテゴリーに属する人間がどう反応するかという，既存の固定した期待を指すものではない。この視点に関する詳細な説明は，モンクら（Monk et al., 2008）を参照されたい。

ある国の国境を保障するための文化的儀式は，ナラティヴ的視点を通してみると，このような小さな対立の物語を理解するのに豊富な文脈を提供してくれる。国境の安全保障に携わる職員の仕事は，入国する旅行者の合法性と潜在的脅威の両方を審査することである。彼らの職務は，安全保障にかかわる潜在的な脅威となるような行動を注意深く観察することなのである。さらに審査官は，効率的なシステムを定義づける規範に従って，安全保障の監視システムにも関与する。その国を守る監視システムとしての安全保障の審査手順は，ミシェル・フーコー（Foucault, 1980, 2000）の分析する「近代権力の行使」そのものである。

旅行常連者として，安全保障のパラメーターはしっかり心得ている。つまり私の仕事は，自身の合法性を証明し，個人的な秩序を保ち，セキュリティ儀式に従うことだと心得ている。普段は私も，潜在的な対立を最小限に抑えるために，これらの文化的儀式をスムーズにこなすという期待に応える。私が今回，自分のふるまいを異国情緒あふれたカリビアンの国境に合わせ修正していなかったのは，この国のセキュリティ審査官の，人間の

活動におけるゆっくりしたお祭り好きなペースを，寛容に受け入れなかった結果だった．列に割り込んだことで私は，辛抱強くゆっくり動き，そして礼儀を示すという文化的規範に同調するのに失敗したわけである．セキュリティ審査官を権力に飢えたおせっかいな州職員とみなす代わりに，例の状況では安全保障上の伝統に厳格に則った，独特で現地的，社会的実践の守護者であると理解した．アメリカ合衆国の他の場所では適切とされるだろう列を前に進める行為は，この文化的文脈では，従順に秩序を保とうとした行動としてみなされる代わりに，文脈にそぐわない反抗的で自己中心的，非礼儀的行動と解釈されたのである．

　例の瞬間に交錯した2つの際立って異なる文化的圧力が，2人の登場人物の思い込みとして内在化され，行動に表れてしまったために，対立が起こった．意味づけの衝突の背後にある文化的ナラティヴよって，2人とも立ち位置を決められてしまったのである．社会的，文化的視点で対立を分析することで，対立の当事者に働く社会的過程を言語で表現することができる．また，競合するナラティヴまたはディスコースによって作り出される文化的圧力を見極めることができれば，非難合戦に持ち込むことなく交渉や調停上前進できる．小規模でも非難に満ちた会話や，大規模な地域的対立が発生するのは，文化的侵害が起こったからである．大規模な支配が行われた結果起こることもあるが，常に起こるわけではない．西欧では，たいていの人々は非対立的生活を好むが，時々，自分でもどう行きついたのかわからないまま，対立の構造にはまっていることがある．日々の生活上の試練を巧みにやり繰りし，対立の頻度や程度を下げるためには，私たちのほとんどが，予測可能性や合意に適度に順応するものである．自分たちにとって正しそうな慣習に人々が従うことを好む．西欧では特に，人々が「お願いします」「ありがとう」，またはくしゃみをしたとき「神の御加護を」と言うことを好む．人々がこのような社会的細やかさを示さないと，私たちはすぐに，何か欠陥を持った人ではないかと勘繰る．ビジネス上の挨拶で私たちは最初，固い握手を交わすが，固すぎてもいけない．食事を

するとき，他人に食事の準備や取り分け，食べる際の「正しいふるまい」を期待する。アメリカ合衆国では，レストランにおける正しい食事のエチケットやよいサービスについての文化的規範が非常に発達している。一般的に，レストランによく訪れる人は，ウェイターやウェイトレスが素早くテーブルに来て，飲み物は何がよいかと尋ねることを期待している。ガラスのコップの水は常に満たされていること，ナプキンもすぐに使えるように備え付けられていることも同様である。高級レストランでは，お客が居心地良くしているか，お客のニーズに応えているかを，ウェイターは常にチェックしにテーブルに向かう。食べ物の質や給仕の仕方にも，一定の期待が存在する。レストランにおけるよいサービスの定義は明らかであり，その多くは常識的でもある。もしよいサービスを受けられなかった場合，文化的に許容されていることとして，マネージャーに不満を伝えるか，チップをなくしたり額を減らしたりできる。

　これらの一連の（時々は微妙な）決まりごとに従わないと，すぐに礼儀を欠くひどいサービスと解釈され，おそらく対立経験の火付け役になってしまう。顧客サービスへ期待はすなわち文化的な条件であり，規範は簡単に顧客の権利やレストランのオーナーの責任にすり変わる。

　このようにして，私たちは優勢な文化的実践を基盤にして日常の真実とは何かという込み入った概念を作り出す。しかし現実的な生活では，私たちの日常の真実は頻繁に試練にぶつかり何らかの形で妨害される。上述のケースのようなことはよく起こる。礼儀や正しいふるまいについての思い込み（想定）は，様々なレベルの文化的圧力が働いている文脈では簡単に覆される。

　人間社会においては，礼儀正しく公平な事柄とは何かを定義する，高度に構造化された具体的な思考組織，すなわち慣習が形成される。これらの慣習は場所によってかなり変化する。ある地域では，道路に唾を吐くことは害のない行いであるのに，別の地域では粗野で野蛮とみなされる。車のクラクションを鳴らすのを控える，列に並ぶ，歩行者が道路を渡る前に歩

行サインがつくのを待つ，などの行為は，ある社会ではよい市民の証とみなされる。一方で，常にクラクションを鳴らす，人込みをかき分けて前に進む，歩行サインを命令ではなく忠告としてみなすことが生活上理にかなっており，普通で正しいこととされる社会もある。これらの文化的規範が多民族多文化地域で衝突するとき，ある人間の行動を導き強調する，その背後にある文化的規範や伝統は無視されやすい。その代わり，人々が「常識」とする言動の冒涜を目にすると，その言動の主を違反者とみなし始め，簡単に欠陥者，病人，無教養で不道徳な人，またはただ間違っている人，といったラベルを貼る。

　歴史的には，人々の行動を理解するとき，社会科学は個人主義を社会構造上の文化的過程よりも強調されてきた。構造主義的立場からすれば，個人は独立して機能する単一の創造物ではない。文化人類学者のクリフォード・ギアツ（Geertz, 1983）は，世界中の文化圏に住む人々の目には，「個人は固有に存在しお互い分離しており，社会的・文化的背景から独立している」という西欧的概念がおかしなものと映っている，と指摘した。人間は固有の存在であるという考え方は，それでも過去200年間特に西欧世界で支配的であったし，主だった社会科学分野を形成してきた。メディエーションの分野にも強い影響を与えてきた。北アメリカでもっとも知られたメディエーションモデルに，人間の行動への個人主義的な分析をもとにした，利害に焦点を当てたメディエーション方法（interest-based mediation approach）（Fisher et al., 2011；Moore, 1996）がある。このアプローチでは，対立はニーズを満たす人間の自然な動機が妨害された結果起こるものと考える。したがって調停者の仕事は，対立当事者が障害を取り除き，双方に有利な解決策を構築することでニーズを満たす手伝いをすることである。

　ここで，これまで議論してきた概念の見直しと，伝えてきた要点をまとめてみる。

・対立は,人々にある特定の方法で影響を及ぼす背景の文化的ナラティヴから生み出される。
・個人の内面から湧き上がる力よりも,文化が人々の態度や感情,立場,興味・利害を構築する。
・その文化に優勢な物語が,人々の態度や信念,アイデンティティを形成する。
・これらの優勢な物語から,私たちの他人とのやりとりに力線が張らる。
・人は,競い合う文化的ナラティヴや力線によって形成される微妙な判断を絶え間なく下すものと考える方が,予想しうる単純な文化的反応パターン(個々人固有の特性によって反応の違いが目立たなくなるものだが)によって分類されるカテゴリーに属すものとして考えるより,理解しやすい。

◆ **調停者と文化的立場**

　構造主義的枠組みから,メディエーションは暫定的な活動であり,当事者に確実な成果を約束する公平かつ絶対的,段階的な指針を提供するものとはいえない。調停者は,激しさを増す対立の中にあって曖昧さや不確定さを包括的にとらえ,明らかにされていく事柄について,情報に基づいた好奇心を育まなければならない(Winslade & Monk, 2000, 2008)。この観点から,調停者の行動を正当化するときに拠り所にする普遍的で真実に基づいた方略は,存在しないのである。この曖昧さが,調停者に道徳的ジレンマを引き起こす。対立中の当事者と同様,調停者が調停中に,自分を特定の文化的立場に位置づけるのは避けられない。人が物語るときに立つ文化的立場の外側に,特権的な位置はないのである。
　調停者が口を開いてある言い方を選ぶたび,自分の立場もいろいろある中から選んでいる。この意味で,従来のメディエーション理論が求めるような調停者の中立性は成し遂げられない。したがって大事な点は,調停者

が対立の内容においていかに中立でいるかではない。調停者自身が影響を受けている文化的立場や道徳観について，また調停者のとるアプローチ方法の限界にもどう説明責任を持つかについて，オープンであり続けることが非常に大切である。構造主義的視点では，調停者は倫理的価値観や道徳観を持って行動し，中立的地点に立って行動するのではないことを確認している。この視点を通して，調停者はいかに自身の倫理的，道徳的，職業的立場が対立調停方法を形成し，調停に取り組む姿勢に影響を与えているかを認識する用意ができるのである。

　この調停者の役割についての分析が，個人主義的概念と比較して，調停者自身が公平に機能できるかどうかの明暗を分ける。現実的には，メディエーションを望む対立中の当事者にも様々な文化的圧力が働いているように，調停者も常に文化的圧力の影響を受けている。それにもかかわらず，調停者はこれらの社会的プロセス（役割分析）を成し遂げることで，双方の当事者に，公平にかつ礼儀正しく接することができる。

◆**文化とナラティヴの関係性**

　初めてナラティヴメディエーションに出会う人々の中には，単に対立上発生する物語を語ること，またはその語りを分析することに焦点を当てているものと思うだろう。ナラティヴメディエーションにおける私たちの仕事は，ナラティヴが，背景にある文化的圧力から生じるものも含めて，いかに人々の人生を形成しているかを見極め，明らかにしていくことである。人々が語る人生物語やお互いについて語る物語，すなわちいかにナラティヴが人生におけるアイデンティティや所属意識，継続感を作り上げているか，に興味がある。物語を語ることで，人生はリズムや理由のないただのランダムな出来事の連続ではない，という感覚が生まれる。ナラティヴによって，対立中の自身も含めた自分という人間について，またなろうとしている人間についての一貫した認知ができる。サラ・コブ（Cobb, 1993, 2012）が指摘するように，あるナラティヴは他のナラティヴよりもさらに

人生についての一貫した説明をもたらす。繰り返し語られる物語も，そうではない物語もある。この違いが，メディエーションで語られる物語の最中に実際に起こることに影響する。

多様な文化的ナラティヴはすべて互いに関連している。なぜなら私たちは，個人的な物語をまったく孤立した状態で構築することはないからである。ある特定の観点を伝え，特定の感情状態を生み，過去の行動に対する正当で確実な説明を引き出し，未来の行動に対する論理的根拠を与える，既存の文化情報から引き出すからである。ナラティヴの基本要素は構想を作り出す既存の装置で組み立てられ，登場人物は特定の立場，例えば，被害者，悪役，救済者，正義のヒーロー，標的，欠点のある天才，強力な支配者などを与えられる。

ナラティヴ調停者としては，これらの稼働中のナラティヴ基本要素を観察しつつ，語り部である人物の背景にある文化的な脚本に注目する。その際，物語の参加者は，語る本人（物語構築者）であるという仮定にとらわれてはならない。学校のいじめ役，支配的な夫，異常に厳しい上司，または尊大で知ったかぶりの医者などと特徴づけられるような人物描写に伴って，陳腐な物語の大筋が簡単に思い浮かんでしまう。論争の当事者はよく，自分や相手をよく知られた物語の構想に当てはめて，自分たちや対立を説明する簡単な手段にしてしまう。これらの陳腐なお話は，友人や家族，さらに最も重要なことに調停者からの同情や支援を集めるのに使われる。

◆文化，ナラティヴ，そしてディスコース

ナラティヴには「決まりごと」が破られたとき，どう社会や人々があるべきで，いかに人々が反応するかについて既存の想定がある。この既存の想定を，ミシェル・フーコー（Foucault, 1972, 1978, 1980, 2000）が概念化した言葉で，ディスコース（言説）と呼ぶ。彼はディスコースの機能を，人々の社会に対する理解・見解を形成していく反復的な慣習であると強調した。この理解はその代わり，人々が携わるその言語的かつ行動的慣習を

さらに特徴づけていく。したがってディスコースを取り囲む動きはぐるぐると循環するため，他の考えや可能性の入り込む余地をなくす。ディスコースは，社会的規範を具体化するために，また，社会における物事がどうあるべきかという「常識」を形成するために人々が使う，言語パターンとして機能するものである。

ディスコースは，上項で議論してきたように，普通で日常的な生活の一面を意味づける言述として表現される。ここに例を挙げよう。

- 果物は体にいい。
- 何かをもらったとき，ありがとうというのは礼儀正しい。
- 家族への忠誠は最も重要である。
- 攻撃されたら立ち向かうべきである。
- 一生懸命働けば，見返りがある。
- 不貞で結婚関係が終わるものである。

これらのそれぞれの言述の背後には，人々が繰り返し聞いてきた，または人生のある局面に立ってそれしか入り込む以外にない物語が存在する。これらの多くは議論を引き起こすようなディスコースではないが，あるものは強力な争点となる。例えば，

- 男性は家庭の長たるものである。
- 白人優位は自然な優位性に基づく。
- 同性愛は，自然ではない。
- 障害者は慈善金に感謝すべきである。

これらの個々の意味は，支配的勢力関係の中で体系的に機能する。社会では意見を分ける線を引き，社会的グループの代表者同士のやりとりを筋立てる。「自然」という言葉が，これらの言述のいくつかにどう使われて

いるだろうか。言述の描写のされ方が，ほとんど疑問を提示されない，議論されることのない常識にみえるよう，ディスコースは機能している。あたかも宇宙の自然的秩序の一部であるかのようにみせかけられ，扱われている。

　しかし，ディスコースは人間社会の産物である。自然物ではない。私たちは人間社会が常に移ろい，変化するものと承知している。したがって，今日の常識が明日の非常識となるかも知れない。変化を生むものの一部として，抵抗の機能がある。人々はしばしば，ディスコースの力に抵抗する。特にディスコースが支配の基盤としてまたは不正の産物として使われ，グループを分ける境界線の機能を果たすときに顕著となる。

　調停者は，自分がかかわっている対立のナラティヴに存在する優勢なディスコースに抵抗するとき，その表現方法に気をつける必要がある。

◇要点のまとめ◇

- 対立のナラティヴは，一貫する物語のテーマに従って構想や登場人物が整理され，構成される。
- テーマや構想，登場人物は背景にある文化的脚本から引き出される。
- 他人が自分たちの期待にそわないときに，対立が起こる。その期待は，ディスコースの産物である。
- ディスコースは文化という積み木を積むことであり，意味を表す言述として存在する。
- 文化的ナラティヴに起源を持つ力線は，対立の瞬間に交錯することが多い。
- 勢力関係は，グループ間を隔てる境界線の周りにあるディスコースから生まれる。
- 調停者は，論争の実質的な内容に対して中立ではありえない。自身も文化的ディスコースに影響された立場に置かれるからである。

・ナラティヴメディエーションにおいて，反射性や透明性は中立性よりも大切である。
・ディスコースは常に挑まれ変化するものである。

第3章

二 重 傾 聴

　調停者は一般的に，傾聴の訓練を積んでいると考えられている。その傾聴とはたいてい，積極的傾聴の技法と実践，特に，言い換えや反映などの技法を指していう。これらの技法で確かに，対立の当事者は自分の言うことを感情的深みの部分まで認知してもらうという体験を味わえる。しかしウェストマークら（Westmark et al., 2011）が示唆するとおり，どんな傾聴でもやむを得ず選択的になるという点は，めったに言及されない。この原理を知覚することは，社会的構造主義においては基本である。すべての対立を構成するどんな言述にも複数の解読案があり，どれを私たちが「聞く」かが問題となる。このような選択をすることで，会話を構築する上で，すなわち最終的には人々の人生を構成する上で，私たちは非常に重要な役割を演じる。
　たとえ私たちが積極的傾聴で注意を向ける事柄を（無意識にも）選んでいるとしても，注目すべき多くの事柄の中で，他の何にも増して語り手の体験を描写する事柄を選ばないと始まらない。この選択には文脈の力が働く。例えば，ある人が専門家に，難しい対立を打開しようと苦労していることを相談するとする。その相談中，たまたま相談者がある関係については全面的に満足していることに言及する。ほとんどの傾聴者は，対立の原因追求をいったん放棄して，この関係における満足感を掘り下げるのに1

時間を使うことなどしないだろう。たいてい，問題のある内容に注意を向けがちだからである。

　注意を向けるべき選択肢は常に存在するので，よい傾聴とはその方法・過程のみを指すのではない。その内容も関わってくる。言い換えれば，単にどのように聞くかよりも，何を聞こうとするかが重要である。したがってナラティヴの実践原理として，対立の物語には常に複数の物語があるという想定を持って取り組むとよい。当然，双方の（または2グループ以上の）当事者たちは常に，起こったことについて異なる物語を持っている。彼らの説明には，異なる事実が抽出され，異なる箇所で強調されてアレンジされ，順序も変えられた出来事が語られる。さらに言えば，同じ人が語る説明にも異なる物語が混じり込むこともある。語っているうちに，話し手が相反する説明を積極的に除外していることがわかるし，彼らが傾聴者に聞いてほしい説明だけを語っていることもわかる。

　例えば，ある人が「子どもたちには私とほとんどの時間を過ごしてほしい，と言うと，あなたは私が自己中心的だと思うでしょうね。けれども実際私は，子どもたちの利益を一番に考えているのです」と言ったとする。この話し手は，ある1つの読解案，自己中心性をテーマとした物語，を未然に防ごうとし，もう1つの案，子どもたちを思いやっているというテーマの物語，を推し出そうとしている。にもかかわらず，この2つの物語の両方が，起こっていることに影響を及ぼしている。積極的傾聴の実践では，調停者は1つの物語を選択して反映や言い換えをしがちだが，より洗練された傾聴では，両方の物語を聞き，両方に反応する。

　確立され凝り固まった対立ではたいてい，1つの物語が優勢になっており，ナラティヴの焦点を狭めているため，語り手が焦点を当てているその説明（物語）が，もっともらしい原理となる。しかし，注意深い傾聴によって，人が話している最中にも隠れた他の物語の存在を見出すことは，常に可能である。マイケル・ホワイトは，この傾聴方法を「二重傾聴」と名づけた。二重傾聴とは，対立の物語の表現を聞きながら，他の物語の基本要

素(特に,後に「相反する物語」の一部となり得る基本要素)を同時に傾聴することである。優勢な物語と,その脇にまたは背後に,あるいはすぐ下に存在する別の物語を同時に聞くことである。また,異なる物語が決別する分岐点(バーネット・ピアーズ(Pearce, 2007, p.96)によってよく使われた言葉)を聞きとることでもある。

　ここで,経過に焦点を当てた積極的傾聴だけではなく,内容に焦点を当てた傾聴を推奨する。ある物語が選択され強調された理由や,他の物語を背後に追いやった理由に注意しながら聞くのである。二重傾聴の前提は,見過ごされてきた物語を復活させて,より柔軟かつ複雑で,より深くかつ交渉の余地を持たせた,他者の視点にオープンな物語に再構築することにある。

　さらに,ともすれば隠され支配されていたかもしれない物語に調停者が注意を向けられるように,二重傾聴に特化した実践方法の要点を述べる。傾聴するべき内容には,小さな皮肉や分岐点,ユニークな結果(アーヴィング・ゴッフマンの言葉をもとにしたホワイトとエプストン(White & Epston, 1990)の言葉),束の間の余談,うまく言い繕われた話の要素や,増幅する対立とは矛盾した行動などがある。

◆当事者たちが同席する場合の二重傾聴

　エスカレートする対立に「相反する物語」(Nelson, 2001)の最初の場面は,ミーティングに集合した当事者そのものの存在にあり,物語は彼らが口を開く以前から始まっている。なぜ彼らは出席することに決めたのか。様々な理由があるだろうが,たいていの場合少なくとも,相手側と何かを決着させたいという希望が理由の1つとしてある。メディエーションの過程を問題の明確化から始めるよりも,当事者にこの希望について言語化するように,以下のように尋ねるのも可能である。

「想像するに，あなたが今日ここにいらっしゃったということは，これから私たちのする対話やその対話が導くものに対して，何らかの希望がおありだったからだと思います。始めにそのことについて，お話ししていただけますか」

　この問いかけでは，当事者の達成・獲得したい物事，あるいは潜在的な「利益」（この観点から答える者もいるが）についての回答を期待するものではない。彼らの希望について尋ねることは，個人的な欲望よりも何かより大きいものを具現化することである。これは，人々の最良の自己を前面に導きだし，最も寛大で包含的な「声」を引き出すことでもある。ある人は，「私はただ，子どもたちについての礼儀正しい対話をしたいのです。子どものことで口論するのには疲れました。物事が悪化する前に徹底的に話し合う必要があるし，それにはあなたの協力が必要です」と答えるかもしれない。

　この回答の中に，エスカレートしつつある対立について言及する一方で，「徹底的に話し合う」ことで異なる関係性の物語を紡ぎたいという希望があることに気づいただろうか。この相反する物語については「礼儀正しい対話」という名前までつけられている。この相反する物語からの視点では，話し手は「口論するのに疲れ」ている。おそらく対立の物語中では，口論はただ言い争うこととして理解され，必然性のオーラによって包まれているのだろう。私たちはここで，二重傾聴で2つの物語を聞いていかなければならない。確かに，何について言い争っているのかを掘り下げることもできるが，ここで相反する物語を掘り下げることにしばし考えをめぐらしてみよう。

　　調停者：あなたのおっしゃる，「何か別の」「礼儀正しい対話」「徹底的に話し合う」という言葉に表れた希望について興味があります。なぜそれらが大切なのか，教えてくださいますか。
　　当事者1：ええと。子どもたちが私たちの言い争いを見ないでいるこ

とは大切だと思うわ。子どもたちは十分見てしまっているし，悪い影響が出てきている。2人とも不安感を見せ始めているし，私たちは協力して，彼らのためにできる限り物事を安定させなければいけないのよ。

調停者（当事者2に向かって）：あなたにとっても，このことは大切ですか。それとも，今日ここで私たちが達成することについて別の希望をお持ちですか。

当事者2：私だって，子どもたちが苦しむのを見たくない。もちろんさ！私がここに来たのは，何か解決策を見出して，裁判所でとことん戦わなくても済むようにするためだ。法廷で争うことは屈辱的だしバカ高いからね。私たちはそれよりうまくやれるはずだ。

調停者：あなたのおっしゃる「それよりうまくやる」とは，どんなことを指していますか。

当事者2：お互いに正直に，子どもたちにとって何がベストかを常に心において，子どもたちを綱引きで引っ張り合う物みたいに扱わず，お互いに公平で寛大であるべきだ。

このようなやりとりの後，調停者は，問題の物語が口論，喧嘩，子どもの引っ張り合いを含むものであり，相反する物語が徹底的な話し合い，礼儀正しい対話，解決策の提案，そして公平で寛大であることを含むという，両方の物語の概要をつかむ。次の1時間で万が一，対話が「争い」の物語に傾斜していった場合，調停者は次のように双方の当事者に尋ねることができる。

「おっしゃっていることは，あなたが最初に避けたいと言っていた口論か，それとも実現したいと願っていた礼儀正しい対話か，どちらにより近いですか。また，どちらでありたいですか」

◆同じ言述から 2 つの物語を二重傾聴する

　前項では，双方の当事者が同席すること自体に含まれる意味を掘り下げるべく，二重傾聴する意義について述べてきた。また，彼らの出席理由から見出せる希望について，対話を膨らませる方法も述べた。今ここで，話し手が 1 つ以上の物語に言及するときの表現について，さらに掘り下げていこう。二重傾聴を使うと，たった一文に存在する複雑さを露呈できる。手始めに複雑さに気づく方法の 1 つとしては，一文の途中にある「しかし」という言葉を探し聞くことである。この言葉は，2 つの物語が交錯する地点周辺で蝶番のような役割をすることが多い。例えば，「『結婚した相手』から『保護者』として私たちが役割を移行できたら，サムの将来を話し合うこともできるね。でも，サムにとって何が一番よいことかを，個人的なことに邪魔されずに話し合う必要がある」といったように。

　この言述には 2 つのシナリオが存在する。「個人的なことに邪魔される話し合い」と「協力し合う保護者としての役割に移行が成功した話」である。調停者は二重傾聴を使ってこの 2 つの物語を両方聞き，反応して，詳細を詰め，比較することができる。

　二重傾聴を必要とする言述例をもう 1 つ挙げる。「私たちの間に起こったことを考えると，時々，彼が保護者として私と協力したいっていう事実を受け入れるのが難しく感じるのです」。二重傾聴によれば，この言述にも 2 つの物語が存在している。彼女の元パートナーの協力的な姿勢を受け入れたいという気持ちと，「受け入れるのが難しい」という気持ちがそれぞれ存在する物語である。どちらの物語がより真実ということはない。両方とも，それぞれの物語を基盤に生活していこうという決断によって真実となるだろう。さらに例を挙げる。

　「私たちには意見の不一致があります。明らかにうまくいっていないし，その一致をみることも難しい。けれども，他の離婚を経た家族の，離婚が子どもに与える影響もみてきましたが，それは私たちの娘が経験する必要のないものです」

ここで,「けれども」という言葉が言述の真ん中に出てきている。この言葉を隔てて前後に,2つの物語が語られていることが多い。前者は,2人の相違が不満を招いていて解決不可能とする物語である。後者は,離婚で子どもに苦痛を感じさせたくないという物語である。2つの物語を統合する必要はなく,2つとも存在する。それらは別々の瞬間に,話し手の行動を引き出す原動力となるだろう。それぞれが力を蓄えた競い合う物語として認めるべきであり,どちらの物語を成長させ発展させるかを決める倫理的判断について,当事者たちが考えるきっかけとなるほうがよい。

◆表出された感情を二重傾聴する

積極的傾聴では,感情表現を話し手の心の内にある唯一で決定的なものとしてみなしがちだが,二重傾聴では,聞き手に状況はもっと複雑であるととらえさせてくれる。感情的経験を個人の心の内に起こっている単なる事象としてではなく,関係性のやりとりという一面(社会構造主義的立場)としてとらえることから始めれば,あらゆる可能性が視野に入ってくる。例えば,感情は個人に内在する心理的事象としてとらえるだけでなく,他人を相手に意図された効果をもたらすパフォーマンスとしてとらえてみる。このように,他人に影響を与える意図的行動はすべて,実践上の力として考えられよう。フーコー(Foucault, 1982)の言葉では,これを「他人の行為に及ぼす行為」(p.220)という。感情は,取り巻く環境の状況への反応として,そしておそらく文脈の出来事に対する判断として,表出されるとも考えられる。例えば私が腹を立てているとする。すなわち,私は起こっていることに対して喜んでおらず,そのことを間違ったことだと判断している。さらに,暗黙のうちにそれを変えたいと願い,少なくとも何か別のことをより好ましいと感じている。あるいは,私が悲しいと感じているとする。私は何かもはや属していない物事に対して愛着を表現しているのかもしれない。一方で喪失感を表現し,もう一方で,その物事の持つかつての価値を暗示している。また,私が恐れているとする。それは,私が何か

不快な出来事が起こる可能性に対して不安に感じ，同時に何がより安全かという好みも示している。

　デリダの概念から導いた，マイケル・ホワイトの「存在しないが暗示する」(White, 2000, p.153) という考え方が，ここで役に立つ。例えば，私が腹を立てていることに関して，感情のコインを裏返すとどうなるかについて尋ねる助けになる。私が「何かに対して喜んでいない物語」は，ある出来事の一側面である。この物語を裏返せば，不満に感じていることよりも好ましい何か別のものがみえてくる。二重傾聴で，怒りの原因について（「何に対して喜んでいないのですか？」），そしてひっくり返して，存在しないが暗示していることについて，両方掘り下げることができる（「それで何がより好ましいのですか？」）。感情が悲しみの一種でも，二重傾聴で物語を裏返すことができる。もし何かを失くしたか，何かの不在で悲しんでいるとすれば，裏返せばその存在に対して抱いていた愛着についての物語があるはずである。今がこの愛着を積極的に思い返す（「思い返しの対話」，White, 2007; Hedtke & Winslade, 2004），またはある意味再構築するよい機会である。もし感情が恐れの一種ならば，安全を保障する何らかの行為への「存在しないが暗黙の」好みがあるだろう。もしある人が絶望を感じていたならば，喪失した，しかしおそらく修復可能な希望についての隠された物語が必ずある。言い換えれば，コインの裏側は常に存在するということである。二重傾聴によって，存在する感情と，存在しないが暗示している感情の両方を聞きとることができる。

◆優勢な物語中の例外に目をつける

　調停者は二重傾聴で，優勢な対立物語に含まれる例外の存在に気をつけることができる。このような例外に気をつける訓練をしていれば，それらがいたるところに存在することもわかる。例えば，人々は対立をよく苦痛と感じ，避ける道を選ぼうとする（ドゥルーズ (Deleuze, 1995) の「逃げる道筋」からの概念）。争うことをやめ，引き込もる。物事がさらにエ

第3章　二重傾聴

スカレートするのを嫌がる。停戦協定を結びたがる。際どい厄介な問題を回避することに暗黙に賛同する。抗争的なやりとりの合間に，ちょっとした平穏な休戦を選ぶ。これらは，対立のナラティヴの間にある隙間を示しているだけでなく，別の異なるナラティヴの幕開けをも潜在的に示唆する。これらの意味するところを掘り下げるとよい。

「なぜ，物事がエスカレートしないことがあなたにとって大事なのですか」
「ここのところ事態が向かっている方向に，あなたは方向転換したいということなのでしょうか」
「今の状態（休戦）は，あなたが価値を置くことであって，これ以上の害を見たくないということなのでしょうか」

対立の影にちらほらと垣間見える協調の瞬間も，断続的に存在しうる。子どもたちの養育権を争っている両親が，礼儀正しい電話での会話をしたり，送り迎えがうまくいったりといったこともあるだろう。このような協調の瞬間も，対立のさなかより生活場面において人々の協力し合おうとする姿勢に見つけられるだろう。

「激しい争いのさなかでも，あなたは問題を保留にして，娘さんが忘れられないような誕生日を過ごせるように頑張っていましたね。どんなふうにやり遂げたのですか」

優勢な対立ナラティヴの例外はまた，平和的解決を申し出るときの表現の中にも存在する。その申し出は調停の真っただ中に提案されることもあるし，寛大さが現れている別の場面で提案されることもある。以下に例を挙げる。

「ほら，僕は，昔の合意はもう何にもならないことを受け入れようとしているんだ。僕の中では，まだ躊躇しながらも，そこにまでたどり着いて

いる。とにかく今，何か新しいこと，前に進むための何か新しい足場を築き始める気になっているんだ」

　話し手は，対立物語の一場面に身を費やすことから身を引こうと提案している。二重傾聴で，古い物語も「躊躇する気持ち」というさりげない言葉から，まだ力を持っていることが聞きとれる。この言述は，新しい物語への明らかな前進を意味してもいる。調停者は，最初にその点を明らかにして前進を強調し，そして相手側にもそれを意味づけるため質問する。

　　調停者：彼があのように言うのを聞いて，何か違いを感じられますか。
　　当事者Ｂ：前向きではあるわね。……けれど，どれほど信用してよい
　　　のかわからないわ。
　　調停者：では，あなたにも躊躇する気持ちがあるのですね。けれど，
　　　その気持ちにもかかわらず，彼の言葉を前向きととらえたのですね。
　　当事者Ｂ：そうです。
　　調停者：では，彼の言うことを信用できるとして，あなたからはその
　　　お返しに，何を提案できますか。
　　当事者Ｂ：私も新しい計画を立て始められるわ。

　二重傾聴によって対立物語を認知できると同時に，新しい計画を生み出そうとする意欲をかきたてる相反する物語も構築できる。調停者として，まだ危うい相反する物語の幕開けを手助けする必要が多々ある。ここで例に示したように，優勢な対立物語の力で新しい物語が押し潰されるのを防ぐべきである。
　二重傾聴で時々，（前進を）意図するだけで行き詰っている物語と，影響を与えている優勢な物語との間にある違いを聞きとることもある。ここに例を示そう。
　「先週言ったことについて申し訳ない気持ちを抱いています。謝ろうと勇気を振り絞っているのですが，口論になってしまってどうしてもできま

せん」

　ナラティヴの視点では，「口論で謝る気持ちが萎え，謝れなくなる」ことは真実であり現実である以上の何ものでもない。あるナラティヴがもう1つのナラティヴに影を投げかけるという例にすぎない。このことを念頭において，ナラティヴの調停者は二重傾聴を実施して，（謝ろうという）意図に留まっている状態からナラティヴの道筋をつけて導いていく。

　「口論で謝るという意図が削がれているのですね。しかし，もし削がれていないとしたら，どんな謝罪をしたいですか」

　二重傾聴をするとはまた，実際の別の人間の声を聞き入れる隙間を作ることを意味する。この声とは，話し手の人生に影響力を持つだれかの言葉で語られる声かもしれないし，架空の声かもしれない。ドゥルースとガタリ（Deleuze & Guattari, 1994）の，「架空」が「実際」の声と比べてもその効果においては同等に現実的だという主張に沿っている。架空の声が力強い実際の力を発揮して，二重傾聴で別のナラティヴの始まりを聞けるのである。ここで，対立コーチング中の対話からの例を挙げる（対立コーチングは，対立している当事者の片側がメディエーションに出席できないとき，別の選択肢となりうる）。アドリアナは，借りている家の家主（不動産代理店）との電話での対立について話している。電話で話しているとき，彼女は腕に赤ちゃんを抱いていた。

　　アドリアナ：例の人の私に対する話し方に，私はとても腹を立てていました。でも娘を腕に抱いていて，むずがらせたくなかったのも確かだわ。
　　調停者：娘さんを怖がらせたくなかったのですね。そのとき，あなたは娘さんにどんなメッセージを送りたかったのですか。
　　アドリアナ：私が怒っているのを聞いて，娘がどう影響を受けるか心

配しました。怒りが他人に与える打撃など，感じ取ってほしくない。私が娘に対して怒っているのではないと，娘がわかるとはかぎらないでしょう？

調停者：不動産管理会社の人とのかかわりと同時に，親であろうしていたのですね。この解釈は正しいですか。

アドリアナ：そのとおりよ，そのとき私は2つの方向に引き裂かれていたのだわ。

調停者：もし将来，あなたの娘さんがこのときあなたから学んだことを話せるとしたら，彼女は何と言うでしょう。

アドリアナ：私が彼女を支えていた，ということ。誰かに対して怒っていたけれど，彼女がその怒りに影響されないよう守っていた，ということ。

調停者：起こったことを思い返してみて，その電話で結局あなたはどう対処したといえますか。

アドリアナ：思っていたよりも悪くはなかったわ。自分がどう対処したかについては比較的満足しているの。冷静さを保って礼儀正しく接したし，自分の立ち場をしっかり固守して彼に私の話を聞いてもらえたわ。

調停者：すると，娘さんの声が，たとえあなたの頭の中の想像の声だったとしても，電話の相手への反応を満足のいくものにしてくれて，あとで不満が残るような腹立ち紛れのものになるのを避けられたといえるでしょうか。

アドリアナ：ええ，そのとおりです，考えてみると。

　頭の中にある競い合う声として2つのナラティヴを特徴づけるとき，二重傾聴は多くの場合に役立つ。「2つの方向に引き裂かれること」を病理的にみるのでも，真の感情を表現する障害とみなすのでもなく，もう1つのナラティヴを引き出す資源としてみる。複数の物語は調停者の選択肢を

増やす。この例では，アドリアナも自分で満足できる対立状況への対応を選択できた。この可能性を最大限に引き出すのに，対立コーチは二重傾聴を用いる必要がある。アドリアナが引き出したのは，この場面における意志作用感（a sense of agency）であり，自分が苦しむ以外に選択肢がない被害者感ではない。

　二重傾聴の基本原則を理解すると，緊迫した場面に明るい調子を取り入れる感覚になることがよくある。必ずしも希望の兆しをみること，前向きな部分が強調されること，または人を嬉しがらせることが起こるわけではない。しかし，単に別のナラティヴに気づき，その人の好み（どちらのナラティヴが好ましいか）をはっきりさせるだけでも十分である。対立物語を放棄しなくてもよい。もう1つの説明が存在するという可能性を知覚するだけでも，十分なのである。

◇要点のまとめ◇

・二重傾聴とは，統一化ではなく差異化の過程上実践されるべき技法である。直線的なわかりやすさよりも複雑さに価値を置く。
・二重傾聴では，複数のナラティヴの存在を単純化すべき複雑な状態ではなく，豊富な資源とみなす。
・二重傾聴によって，調停者はナラティヴの途中，または文章の途中にもある分岐点を聞き出せる。分岐点とは道が分かれる地点であり，どんなナラティヴの語られる中にも常に多くの分岐点が存在する。
・二重傾聴を通してコインの裏を返して逆側を見れば，激しい感情的な表現が潜在的で微妙な感情の交錯を示すことに気づく。
・二重傾聴で，対立をエスカレートさせているナラティヴのすぐそばに，別のナラティヴの存在を聞き取る注意を喚起できる。
・2つかそれ以上の物語が存在すると気づけば，1つの物語から別の物語に移行できる。この移行を起こすために，対立の物語にあるすべてを解

決しなくてもよい。
・人を1つの物語に束縛する危険を孕む,有名な積極的傾聴の実践を発展させたものが二重傾聴である。言い換えや反映の技法を不適切として放棄するわけではないが,新しい使い方を推奨する。
・その新しい使い方は,ただどう聞くかよりも,むしろ何を聞きとるか,に現れる違いによって定義される。

第4章

外在化と影響のマッピング

　「そのような話し方は，あなたのどちらにもうまくいくものですか？」と調停者は，皮肉やひいきに聞こえないよう気をつけながら尋ねた。どちらの当事者も困惑して口を閉じ，どう答えたらよいかわからないようだった。ユアンとバーニスは争いに巻き込まれている同僚で，大声で口論していた。冒頭の質問で彼らは口論の内容から気が逸れて，自分たちの会話を空高いところから見下ろす機会を得た。

　その沈黙の中，調停者はこう続けた。「私はただ知りたいだけなのです，あなた方の話し方で以前再構築に同意した『チームワーク』という状態に近くなるのですか。今，その話し方のおかげで再構築の方向に向かっていますか」

　恥じ入ったような決まり悪さを示しながら，双方とも，叫んだり相手をなじったりしても何にもならないと同意した。

　「では，個々人ではそれぞれのやり方に沿っていますか。つまり，あなたの好む関係のあり方の1つではありますか」と，調停者は続ける。

　このとき彼らは，心持ち早く，自分たちの希望や意図には合致しないという同意を示した。

　「では，2つのことについてお尋ねします」と調停者は言う。「1つ目は，あのような話し方がどのように，あなた方がよい判断を下す妨害をしたと

思いますか。どうしてその妨害が，あなた方に起こってしまったのでしょう？」

沈黙。

「そして2つ目は」と調停者は結局話を進める。「例の話し方にはどんな効果がありますか。どうやらあなた方2人とも憤慨して声も大きくなり始めましたね。2人ともに与えた影響について，どう思いますか」

同じ質問をいくつか別の言い方で誘導したり尋ねたりする必要があったが，最終的にバーニスとユアンは「例の話し方」の影響を認知することができた。

「すごく嫌です」とバーニスは言った。「ユアンにいらいらして頭痛もし始めるし，とにかく集中できなくて仕事が片付かないわ」

「僕がそんなレベルにまで君をいら立たせていたなんて，決まりが悪いね」とユアンは言った。「事実，僕たちがこんな状況になっていること自体，恥ずかしい。オフィスではハンセン病者みたいだ。みんな，今は距離を置こうとしている」

「では，あなた方は，叫んだりなじり合ったりする以外ではどんな方法を好みますか」

この質問は，回答しやすかったようである。

「冷静な会話をしたいと思うよ，実際は」と，ユアン。「仕事で協力し合うには何をすべきか，話し合えるような会話だ」

調停者は次の質問を用意していた。

「では，その冷静な会話は，例の話し方とどう違いますか」

「どんな意見の相違があったのか整理して，その相違について僕たちの間でもっと理解し合おうとすることなんかじゃないかな」とユアンが言った。

バーニスは考え込むように聞いていた。

調停者は彼女を促して，「ユアンが今言ったことについて，どう思いますか」

第4章　外在化と影響のマッピング

　彼女は躊躇して，こう言った。「彼の言ったことには基本的に同感だわ。でも，また『マッチョ』で攻撃的な感じで来られるんじゃないかと信用ならないのよ」
　調停者は要約して，「つまり，冷静な会話をするという考えには同意するのですね。『マッチョ』で攻撃的な話し方も含めた『例の話し方』が，今彼のことを信用しづらくしているのですね」と言った。
　バーニスは慎重に頷く。
　「そしてユアン，あなたも『例の話し方』があなたの対人関係を支配し続けることは望まないし，あなたの側がその話し方を始めると思われ続けるのも望まないのですね。事実，あなたの個人的な好みは冷静な会話だとおっしゃいましたね」
　2人とも，ゆっくり頷き，3回連続して同意していることを示した。
　このやりとりはもちろん，すべての未解決事項を扱っているわけではなく，「チームワーク」を確立するにはまだ長い道のりがある。しかしこれが，ナラティヴメディエーションの典型的な例として，当事者を対立の物語から抜け出させ，相反する物語を展開させるプロセスの始まりなのである。ここで，この移行の要点を概括して，調停者の反応の目的を指摘しよう。
　調停者の言ったことはほとんど，質問の形をとっている。ユアンとバーニスに何かをせよと故意に言っていないのは，より身構えた反応が返ってくるおそれがあるからである。質問は，当事者たちの物語の内容についてはあまり尋ねず，彼らのそれらの物語との関係について尋ねている。流れとしてはまず，問題に満ちた対立の詳細と，それぞれの対立の見方についての会話の後で，物語を展開していった。そこから，状況は誹謗中傷や非難のし合いに悪化して，雰囲気は叫び合戦に近いものになっていった。そのやりとりは調停者によって中断された。私たちの観点からいえば，そのような状況で強い感情を吐き出させるよう促しても，何も得るものはない。感情のカタルシス的放出の効果に，治療的価値はない。どちらかといえば，

怒りに満ちたなじり合いで，バーニスとユアンがチームワークの確立を実現するのは難しくなるだろう。

◆外在化

　調停者の最初の介入は，当事者たちを口論している状態から脱させる計算された試みである。その試みとは，「外在化の対話」を始めることである（White & Epston, 1990；Morgan, 2000）。まず，問題の物語に名前をつけることから始まる。上述の例では，仮に「あのような話し方」と呼んでいる。調停者はこの表現を繰り返し使い，一貫して当事者たちとは切り離して用いている。あたかも，それ自体が「問題」であり，当事者たちはその行為の被害者であるかのように表現される。非難されるべき対象は「あのような話し方」であり，ユアンとバーニスではない。それ（「あのような話し方」）は，彼らを意図的に口論させ，考え方を変えさせ，説得力のある嘘を耳打ちし，「マッチョな」攻撃性や女性的な不安感に特徴づけられるような行動パターンを演じさせて，当事者の判断を狂わせていた，とするのである。

　このような外在化による言語的な変更を続けていくと，当事者間の関係を表す「文法」に効果が現れ始める。よく起こることだが，バーニスとユアンは，この言語をほとんど無意識に使い始めた。その結果，問題を客観視でき，言語的に当事者たちを同列に並べられる。上述のやりとりでは，バーニスとユアンが激しく口論していたところ，調停者が外在化の言語を使い始めて，彼らは実際にいくつかの事柄には割合簡単に同意している。

　外在化の対話は言語的なからくり以上のものである。つまり，基本的な法則の確立である。この基本法則をうまく言い表したのは，ナラティヴの実践における象徴的金言ともなっている，マイケル・ホワイトの「人が問題なのではなく，問題が問題だ」（White, 1989, p.6）である。非生産的な問題の擦り付け合いを避ける効果のほかに，この法則は，私たちが会話やディスコースの中での語られ方による産物であり，本質的な自然の産物で

第4章　外在化と影響のマッピング

はないという社会構造主義的視点を思い起こさせてくれる。したがって，私たちが状況を説明する方法を変えると，自分自身の体験も潜在的には変わる。

　外在化の言語について注意すべき点は，問題をどう呼ぶかである。もし対立における一方の視点のみ取り入れると，逆効果となる可能性がある。理想的には，双方が問題とみなしている経験を指した呼称であるべきだが，たいていはそれぞれの側の様々な主張の間には大きな隔たりがある。したがって，外在化には様々な選択肢がある。調停者は状況全体を指して名前をつけることもできる。上述のケースでは，双方が使った言語表現である「あのような話し方」が採用された。しかし，一方が怒鳴っていて，もう一方は口を閉じ話すことを拒否している場合もある。そのような場合，調停者は双方のアプローチを別々に外在化し，例えば「攻撃的・回避的シナリオ」というように，あとでつなげる作業を経る必要があるだろう。外在化のもう1つの選択としては，だれがそもそも始めたかといった非難を未然に防ぐため，出来事の悪循環に陥らせてしまった対立上の数々のやりとりを遡って，その出来事全体を問題として名づける方法がある。この悪循環自体を問題視して外在化すれば，当事者たちとその「問題」との関係について質問していくことができる。

　問題となっている対立を外在化した呼称が，会話の中で自発的に出現することもある。ある人が「ああ，めちゃくちゃだ！」と嘆くとする。調停者はそこで，「めちゃくちゃ」という言葉を拾って，当事者たちがそのめちゃくちゃな状態をどう作ったかではなく，めちゃくちゃな状態が彼らの関係性にどう影響しているか尋ねていく。

　「では，この『めちゃくちゃさ』がどうあなたの善意をとらえてしまっているのですか」

　別の状況では，名づけにもっと苦労することもある。その時は，対立し合う当事者たちに，よい名前を考えついてもらうのが一番よい方法である。調停者は以下のように質問できるだろう。

「私たちが直面しているこの問題を言い表す名前を考えるとすれば，何と呼んだらよいでしょう？あなた方双方とも，それのせいでそうとう苦痛を感じておられるようです。それ全体を呼ぶ名前として，いい案はありますか」

　上述の表現を見てみると，当事者が回答せざるを得ないような質問になっていることに気づくだろうか。問題を「それ」（三人称）と呼び，一人称や二人称である当事者たちには言及していない。彼らは共有する苦痛に立ち向かうパートナー同士，隣り合う位置にいる。この位置づけの変化は微妙だが，激しく反目し合っている2人がいかに協力し合いながら対立状態に立ち向かうかに，著しい違いをみせる可能性がある。

◆ 問題の影響をマッピングする

　次の課題は，始まったばかりの外在化の対話を勢いに乗せることである。危険なのは，当事者たちが「あの話し方」から遠くへ離れない限り，それがすぐに戻ってきてしまうことである。結局，「あの話し方」は，「チームワーク」を圧縮してしまう，あるいは消滅させてしまう関係性の物語の一要素である。対立の影響について会話を発展させていくと，当事者間の関係の後をついて回る「問題」から距離を作る，という目的を達成できる。

　上述の例では，調停者は係争中の人間に，「その問題はどんな影響を及ぼしているか」を具体化してもらっている。最初，当事者たちが感情的な言葉を使って問題の影響について話し始めるのはよくあることである。例えば，相手の行動に「腹が立つ」「動揺する」「恐れている」などと表現するかもしれない。このような感情表現を認知・知覚すべきコミュニケーションのゴールとするよりも，ナラティヴ調停者は物語の入り口とみなす。調停者の好奇心で，ただちに当事者の感情表現に留まらない奥深い物語へと発展させることができる。また，物語が深まるにしたがって行動も思考や感情と一緒に表出されるようになる。

　ここで，別の考え方もできる。メディエーションはセラピーではないの

第4章 外在化と影響のマッピング

で（セラピー効果はよく起こるが），調停者は対話を操作しないよう気をつけるべきである。係争中の当事者が自分の脆弱さを，相手の目の前でうっかりさらけ出すよう操作してしまうと，対立がさらに悪化することもある。相手が武器としてそれを使って自分を傷つけるかもしれないからである。したがって，当事者の対立の影響による内的な経験を，相手の前であまり積極的に追求すべきではない。一方で，もし双方ともある程度絶望感を共有していると知っているなら，人々はたいていそのような経験の一部を喜んで打ち明けるので，調停者は彼らに，対立ナラティヴの影響から解放されたように感じてもらうことができる。

　対立の影響が現れる，また質問で掘り下げるべき他の領域はたくさんある。頭痛，不眠，緊張状態，吐き気など身体的に影響が表出して苦痛を感じると報告してくる人々は珍しくない。家庭内係争の場合，家族関係が崩壊したり，家族間の苛立ちが増大したりする。組織間係争の場合，語られる対立の影響の種類は家族間対立のそれとは大きく異なる。例えば，職場での対立は人々の職務能力の遂行に影響を及ぼすだろう。スタッフのモラールの低下も顕著になりやすいかもしれない。顧客が減り，利益に打撃を受けるかもしれない。お互いにやりとりを交わす義務のある会議に，スタッフは恐ろしい思いで出席するかもしれない。または，従事すべき仕事もそこそこに，対立関係について必要以上に考え込んだり噂し合ったり，気に病んだりして時間を潰してしまうかもしれない。

　過去，現在，未来という時間の視点で追求して，対立の影響をマッピングすることも，ナラティヴを発展させる一助となりうる。影響は，過去にすでに起こってしまったこととして，巻き戻すのは困難なことを時々知らしめながら，認知されるものである。別の場合は，今現在という時間枠の中で，調停中に起こっている出来事に及ぼす影響として認知される。上述の物語では調停者の，ユアンの言述を信用することに対するバーニスの慎重さをとらえたときが，この現在認知の例にあたる。対立の影響はまた，想像をめぐらせた未来へと及んでいることもある。調停者は，次のような

49

質問でその影響を追跡できる。

「どうやらこの『めちゃくちゃさ』は，すでにあなた方両方に大騒動を引き起こしているようですね。しかし，もしこの状態が続いて歯止めが利かないとすれば，つまり今より悪化するとしたら，どうしますか。どんな様子になると思いますか，そしてあなたはそれをどう切り抜けますか」

メディエーションの参加者はたいてい，物事はさらに悪化しうるという考えに身震いして，変化に向かって前進しようと意気込むものである。

最終章では，二重傾聴の価値をさらに深く論じている。外在化の対話を構築している間や対立の影響をマッピングしている間も，この技法を実践し続けられる。技法を利用した会話で，当事者を対立のナラティヴから，少なくともある程度は脱構築できる。その過程で当事者の優先したいことが考慮されたとき，対立の物語との隙間が開く。ここに，対立ナラティヴの影響をマッピングしたいときと，何か別の物語とそのナラティヴを比較したいときの両方を成し遂げるための，調停者が聞く質問の例を挙げる。

- この対立で，あなたはご自分らしくない行動を起こしたり感情を表したりしていますか。あなたらしい人柄とは，本当はどんな感じですか。
- あなたの分別に反して，この緊張状態がどうあなたに言わせたりさせたりしていますか。あなたの分別に従えば，あなたはどう言ったりしたりするでしょうか。
- この口論であなたの何を奪われていますか，またはあなたは何から遠ざかっていますか。
- 今はこの苦難が支障となって潰されているかもしれませんが，あなた方のうちどちらかでも，お互いの間がうまくいくような考えを心に抱いていませんか。

第4章　外在化と影響のマッピング

機会のゆるす限り，しばらく対立の影響を探求するとよい。直接的な影響はすぐ表面化するだろうが，調停者が探求に前向きならば，あまり明らかではないが重要な影響も表面化できるだろう。そのような隠れた影響の多くは，表面化するまでほとんど気づかれないが，気づくことで当事者たちの「変化への動機付け」に有益な効果が期待できる。調停者は忍耐強くあまり明らかではない効果が表面化するのを待つと同時に，探求をしつこく続ける必要がある。単純な質問でそれは可能である。例えば，「他には？」など。

この質問は5つの異なる理由で役に立つが，伝えたいメッセージは本質的に同じである。すなわち，「もう少し深く，もう少しよく考えれば何かが見えてくる」。この探求に時間を割いても，たいてい無駄にはならない。

◆例の追加

ここで，外在化や影響のマッピングの実践例を追加して，これらの技法を利用した対話の価値をさらに説明してみよう。実際の場面を想定した実践例は以下のとおりである。

離婚を考えている夫婦の話◆◆

離婚の決断を下す直前の夫婦の調停で，一方が「疎外感」や「率直さの欠如」「親密さの欠如」といった観点から関係性について話すのに対して，もう一方は「経済的不安」や「失業状態」について話していた。これらの異なる焦点を無理やり寄り合わせるより，2つの並行した外在化の会話を発展させるほうが理にかなっていた。

調停者はまた，一方が感じている親密さの欠如や疎外感の原因，そしてもちろん，経済的不安，非雇用状態の原因を追求するつもりはまったくなかった。どちらにしろ当事者たちが，夫婦の関係性におけるこれらの問題の役回りを，物語の中で包み隠さず明かしてくれた。これらの問題の原因

を追求しても，相反する物語を差し挟む隙間はできそうになかった。結果的に生じる推論の応酬で，対立が不可避となる傾向に陥ってしまう。挙げられた問題の影響について探求するほうが生産的である。変化が生じるよう容易に操作できるのは，影響自体だからである。力線もたいてい，変化が起き得る方向に曲げられる。

調停者はしたがって一方に，「疎外感」や「親密さの欠如」の影響について尋ねた。その際，これらの感覚をその人物の本質の一面として扱うより，関係性のアイデンティティを作り上げている力線として扱った。その結果，いかにこれらの外在化された問題が，「緊張感」や「失望」，時々は「怒り」を生み，「夜の海で2つの船が通り過ぎる感じ」を生んでいるかが語られた。

数分後，調停者はもう一方の当事者に向き直り，「経済的不安」や「失業状態」が当事者たちに及ぼす影響について質問した。その結果，「非生産的な時間」や「無駄遣いをする日々」について語られ，いかにその状況が「私たちから親密さを奪ったか」，また「挫折感」や「なげやりな感じ」を生じさせているかが語られた。2つの会話は，双方が「夜の海で2つの船が通り過ぎる感じ」を共有し合ったときに同意が起き，寄り合った。

姉妹の対立◆◆

次の例は，2人の姉妹ブレンダとジーナが母親の遺書をめぐって対立したときのものである。2人の間の関係性にまつわる多くの事柄を掘り下げその影響を個別にマッピングした。その後，調停者は対立が2人の関係に及ぼす影響について質問の矛先を向けた。

「このこと全部（単純な外在化）があなた方の間の関係にどう影響を及ぼしているといえますか」

ブレンダが最初に答える。外在化した言葉を拾い，そのまま利用している。

「2人の距離を離したわ。間に敵意があるように感じています」

第4章　外在化と影響のマッピング

　ジーナも付け加えて,「それに不信感ね。なぜって,もちろん,だれが母に遺書を書き直させたのか調査したわけだから,不信があったわ」
　これを言う間も,彼女は外在化した言葉を使うことで相手への不信感をなくしていく小さな一歩を踏み出している。調停者もこれを手伝うよう調子を合わせる。
　「つまり疑惑の念を募らせたのですね」
　「そのとおりよ」と,ジーナ。
　「では,それは普段の自分の性格と合致していますか。つまり,あなたの姉を疑うこと」
　「いいえ」とジーナは断固としていう。「彼女は私の姉です。彼女を疑うなんてこと,しないわ。でもこれはとてもおおごとです。私たちの父が母の遺書書きを手伝っていたのを知っているから,なぜ母が亡くなる6か月前に突然変更したのかわからなかったの」
　「私も知らないわ」とブレンダが素早く口を挟む。「私はかかわっていなかったわ」
　次の章で,ブレンダとジーナの関係を語る「相反する物語」を,調停者がどう展開していくかを描写する。ここでは,外在化の言語が2人の関係を特徴づけているのがわかるだろう。2人の関係への影響と同時に,個々人に及んでいる影響も,外在化の言葉によってマッピングされている。

◆結局どこに行き着くか？（私たちにもたらすもの）

　外在化の対話の発展や影響の慎重なマッピングが,私たちにもたらすものとは何であろうか。うまくいけば,対話を別の関係性の物語に入り込んでいく淵にいざなうことができる。共同作業で対立の影響すべてを収集していくこと自体が,当事者たちにとって啓発的体験である。人々は初めて,対立が及ぼしている影響の全体像を見渡し始める。調停者はさらに,当事者たちにこの機会を振り返る質問もできる。
　「この対立が及ぼしている影響すべてに気づくというのは,どういう感

じですか」

　このような質問に対する反応はもちろん様々であるが，人々が次のようなことを言うのは珍しくない。

「よく考えるてみると，けっこう馬鹿げているね！」

「止めなければ！」

「こんな状態続けられないね。何かが変わらなければ！」

　また，両当事者がこの点において同意することもよく起こる。そこから，調停者がこう尋ねるのはたやすい。「では，どうしたいですか」と。

　この質問に対する反応から，人々は相反する物語を展開していく。この物語の発展が，次章の主題である。

◇要点のまとめ◇

・対立の物語は相手への非難や相手を物化すること（物のように見ること）に特徴がある。
・外在化の対話は物事をひっくり返し，問題を物化して人を非難するより物を非難するように仕向ける。
・外在化で係争中の当事者の位置関係を配置し直す。お互いが面と向かい合うのではなく，問題に対して横並びになって立ち向かうことができる。
・外在化は言語的なからくり以上のものである。問題を人の性質の一部とするのではなく，ディスコースの中に戻すことができる。
・問題の影響をマッピングすることは，外在化の効果を上げるのにも役立つ。
・対立の影響を探求するほうが，原因を追求するより生産的である。影響は変えられるが，原因を推測すると，対立が回避し難く決定的なものにみえてくる。
・問題の影響は，感情的，身体的，対人関係的，社会的，そして経済的な面で表出しやすい。

第4章　外在化と影響のマッピング

・問題の影響をいくつか聞いたら,「ほかには？」と尋ね,あまり明らかではないが重要な影響を見落とさない。
・対立の影響を隅々まで聞き取ると,人は相反する物語を受け入れる気持ちが高まるものである。

第 5 章

相反する物語の構築

「ジーナ，あなたはお母様の遺書にまつわる諍いが，あなたのお姉さんとの距離を広げ，敵意や不信感を起こすことになっているとおっしゃいましたね。また，お姉さんをこんなに疑うのは嫌だし，対立の影響が及ぶのを食い止めたいともおっしゃいました。もう少し，代わりにどんな状態のほうが好ましいのか教えてくださいませんか」

「そうですね……私の感情を認めてもらうことでしょうか。これは大きいです」

「感情を認め合うような関係ですね」

「そうです」とジーナは同意した。

この時点でメディエーションは，対立物語を探索し，当事者への影響を挙げ終わった段階である。ジーナとブレンダは，対立物語を何か別の話と置き換えたいと思っているが，その別の何かはまだ漠然としていて，念入りに作り上げていく作業が必要である。調停者は，可能性として出現してきた相反する物語を前に押し出す目的で質問していく。その1つに，双方間の関係をどうしていきたいかという当事者の考えを尋ねる方法がある。ナラティヴメディエーションでは，好ましい関係の物語が明確に語られるまでは，変化に対するどんな合意の詳細でも掘り下げるのを保留する。

「つまり，どんな関係のことをいうのですか」と，調停者はジーナが関

係性の物語を自ら述べることを期待して質問する．

　ジーナは関係性の物語の大筋にはまだ至っていなかったので，関連する話の細部を肉づけすることにしたようである．

　「姉は，私の息子の人生の一部に自分はかかわっていると言っています．確かにそうです，時々は」と言った後，ジーナはブレンダに向き直り，「でも，私たち家族ともっと一緒に時間を過ごしてくれればよいのに」と言う．

　調停者はこの考えを書き留めて，「では，あなたのご家族と一緒の時間を過ごすことも含まれるのですね．他には？」

　ジーナは考えてから，「そうね，親になるという選択肢を選んだことについて，私の生き方はそれほどよくないとか，それとなく言わないでほしいわ」と言い，またブレンダに向き直って，「何だか，私の生き方や選択肢についてあなたがよそごとのように扱っているように感じるの」

　調停者はジーナの言葉を受け入れながら，彼女が少し前に言ったこととつなげて，「まさに，あなたの選んだ道は価値があると認めてもらいたいのですね」と聞く．

　「そうね，私はよい母親だと言ってもらいたいのかもしれません．私がとても努力していることですから」

　異なる関係性の物語を構築していくことは，異なる関係を築くことと多少異なる．しかしナラティヴメディエーションでは，関係を支配する異なる物語への移行が，その物語中に埋め込まれる関係性の出来事の細部を語ることから始まる，との考え方を採用する．この物語には多くの名前をつけられるだろう．この例では，当事者たちの言葉の中ですぐに使えそうな名前に，「姉妹のようにふるまう」物語（ブレンダによる最初のころの言葉），または「認め合う」物語（ジーナの言葉）がある．

　ここで，ジーナの「認め合う」物語を発展させることを通して，対立の物語から離脱する準備を整える過程を描いていこう．ジーナは，「認め合う」ことがないと嘆くことから始まったが，その嘆きによりよい別の何かを好むことを暗に含ませている．それを実行可能な関係構築の始まりと認

識して，調停者は別の物語の小さな始まりについて質問する。これが，「ユニークな結果」の例である（White & Epston, 1990 ; White, 2007 ; Winslade & Monk, 2000）。

「ユニークな結果」とは，ナラティヴの実践では対立の物語の外側に位置する事実（出来事，言述，欲求，意図など）として理解されている。当事者が構築してきた支配的な関係性を説明するには合わないものたちである。よく，どこかにぽつんと放り出されてほったらかしにされている。意味づけされ，認められるのを激しく欲しながら。注意を向けなかったら，目立たないために消えてなくなってしまう。

しかし，新しい物語をどこかで始めなければならない。ユニークな結果も，別の関係性を構築していくよい開始点となる可能性を秘めている。調停者は，「ユニークな結果」を切り離された瞬間で終わらさないため，そして本格的な物語へと発展させるため質問をする必要がある。切り離された瞬間はあまりに簡単に，強力で優勢な物語にのまれて弱体化してしまう。しかし，それらをつなぎ合わせ，意味づけをしていくことで強化することもできる。そうして意味づけされた事実がさらに綿密に練られていき，物語へと発展していく。対立による被害から保護されて初めて，この物語は対立の物語と対抗できるようになり，当事者たちが選ぶかもしれない実行可能な選択肢となる。この展開を観察するため，ジーナとブレンダの会話をもう一度取り上げることにしよう。

ジーナは，「私たちが相互に理解を深め合っていけたらなあ，と思います。私に，あなたの写真家としてのビジネスを認めてほしいのでしょう。あなたにも私の子育てを認めてほしいと思っている。お互いもっとよく理解しあえると思うわ」

この言述には発展の可能性があるが，この時点ではまだぼんやりとした抽象的な考えなので，マイケル・ホワイトのいう「行為の風景」（White, 2007 ; J. ブルーナー（Bruner, 1986）からの言葉）に，肉づけしていかなければならない。この「行為の風景」とは，関係性の物語の筋書きが起

こる領域・場面である。調停者はこの風景を広げていくことを目指す。

「これらの（認め合うという）歴史について教えてください。何か認めてもらう経験をしたときの状況について，なんでもよいので聞きたいのです」

「そんなことが起こったのなどあまり覚えていないわ」

と，ジーナの返事はこのような質問に対する典型的な最初の反応である。調停者は言葉どおりに認めてもらう経験がまったくなかったとはとらえない。その代わり，今のところ優勢な対立物語が，いかに矛盾した瞬間をみえないものにしているかの表れと解釈する。調停者はさらに，

「それなら，一番近いと感じる経験にはどんなことがありますか」と聞く。

ジーナはまだ，対立の物語を無視することができず，「それについてはあとで答えます」という。

それでもしつこく，別の言い方で質問する。

「ここで私がお聞きしているのは，あなたのお姉さんとの関係の歴史の中で，あなたがお姉さんに『認めてもらった』と感じた出来事が何か1つでもありますか，ということなのです」

この質問に執着するのは，対立の渦中にある人間には見つけにくいとはいえ，たいていの姉妹関係にはそのような瞬間は必ずあるはずだという信念があるからである。

ジーナは，今度はよく考えて，ためらいがちに返事をした。

「ええと……，ブレンダが私たち家族を訪ねてくるときかしら。そのときは，よい雰囲気になるわ」

ユニークな結果は脆く，確認を必要とする。「わかりました」と，調停者はゆっくり答える。「では，よい雰囲気を感じることができた訪問が，過去に何度かあったということですね」

ジーナの反応に少しだけためらいが消え，「ええ。姉も楽しい時間を過ごしていましたし，すべてが完璧にはまっていたように感じました」と返

第5章　相反する物語の構築

してきた。

　調停者は調子をそろえ，その実際の瞬間について詳細を聞き固める。

「ある具体的な出来事を考えておっしゃっているのですか」

　ジーナはやはり，ある思い出について考えていた。「あれはある水曜日で，タコス料理を夕食に食べる日だった。姉が来て私たちと一緒に過ごし，テレビも見たわ」

　調停者はこの出来事の重大さを測ろうと，「なるほど，それは特別なイベントでもなかったのですね。ただ，ある水曜日の夕食をともにしてテレビを見たと。でもそれがどういうわけか，あなたにとってよい感じだったのですね」と言う。

「そうですね」と，ジーナは物思いに沈んだ調子である。「私たちがいつもそうすべきことのように感じたわ」

　しかし，この出来事はしばらく前，つまり母親が病気になる前の出来事だったことがわかり，したがっておそらく，最近起こったことよりは重要ではないと思われた。そこで調停者は，続けてもっと最近の例を探すことにする。

「他にそのような小さな出来事があったか聞いてもいいですか。あなた方の相互理解や認め合いに沿うような出来事が」

　ここでジーナは，簡単にその瞬間を見出せた。

「そうですね，確かに彼女は，私がお葬式の手配をしたとき認めてくれました。私たちだけになって座っていたときで，遺書について話す前にそんな瞬間があったわ。私たちは一緒に泣いて，たくさんのことを話しました。ただただ，お互いの存在がありがたく感じたものでした」

　ブレンダもそれに同意の声を出す。

「ではブレンダ，あなたにとってもそれは『姉妹のようにふるまう』ことに近い瞬間でしたか」

「ええ」

「そしてあなたはその瞬間に家族の絆を感じることができたのですね」

ジーナが答えて,「姉はとても感謝していました。お葬式がとてもきれいだったと言ってくれたし,私が手配したことにもありがとうと言っていました」

調停者はさらに,この出来事の重大性を見出そうとする。
「妹さんがすべての手配をしたことをどう思いますか,ブレンダ?」
「彼女はああいうことを確かにたくさんしてくれています。それについて感謝していること,今まで伝えたことがなかったわ。彼女のしてくれることや家族の接着剤のような役目でいてくれることに感謝しています。こんなこと今まで言ったことなかったわね」

ジーナは感激して,「ありがとう。うれしいわ。接着剤ね! すてきな言い方ね!」

調停者はこの瞬間を持続させるため質問した。「お姉さんが言ったことで,あなたは何が好ましいと思いましたか」

「すべてね」とジーナ。「それがまさに私のしてほしかった,認めてもらうこと」

この2人の間のやりとりは,つい最近生じた「ユニークな結果」のようである。対立に支配された物語ではない,彼女たちが共有できるもう1つの関係性の物語が明らかに存在する。それをさらに発展させる必要があるだろうし,調停者はこの到達点を注意深く見極める必要もあるだろう。彼女たちの母親の遺書にまつわる事柄は未解決で,これから取り組むべきである。しかし,当事者たちは今,自分たちの違いを生産的に話し合える「理解」と「認めること」に満ちた関係性の物語の中に落ち着いている。対立の物語はまだ消えてはいないが,今はもう実行可能な「相反する物語」が存在する。交渉が必要な事柄を検証する場面で,彼女たちにこの相反する物語の精神を思い起こさせることができる。

この相反する物語にどのようにして近づき,入り込んでいったのだろうか。まず彼女たちが不満に思っていることについて質問することから始まり,お互いに及んでいる対立の影響を追求していった。人が不満に思うこ

とを述べる言葉には，その逆が暗に示される。つまり何を好むかがわかる。ナラティヴの実践では，これらの相対するものを競い合う物語として構築していく。そして調停者はその両方の物語を傾聴する。徐々に質問の矛先を関係性が好ましいほうの物語に向けていく。この物語の筋道にある出来事を見つける。テーマ（筋道）に沿う要素（出来事）を見分け，今までとは別の特徴をその出来事に練り込んでいく。このようにして当事者たちに価値ありと認められるまで，物語を肉付けしていくのである。

◆修復会議における相反する物語

この項では，学校現場における修復会議で語られた新しい関係性の物語の展開例を紹介する。この例のナラティヴ会議の全容は，別冊をご参照いただきたい（Winslade & Williams, 2012；Winslade & Monk, 2008；Restorative Practices Development Team, 2004）。ここでは，相反する物語が展開していく過程について特に注目する。

会議が開催されたのは，中学校からの下校中にアーロンがテオを床に暴力で押し倒したという事件に対応するためだった。アーロンはテオよりも体が大きく，頭をパンチして床に倒し，足で腹部を数回蹴ったということだった。学校はこの暴力事件を重くみて，アーロンは3日間の停学処分となった。この間，修復会議を設けてアーロンに自分の行動を改める気があるかどうかを見極めることになった。もしなければ，校長はアーロンを退学処分にする旨を教育委員会に提案する用意があった。

アーロンとともに会議に出席したのは，母親のティナと祖母のフローレンス。テオも父親のアルバートと母親のアンジェリカとともに出席した。また，アーロンの国語教師マイクと，彼のソーシャルワーカー，ローラもいた。

ミーティングは事件の詳細をあぶりだし，事の重大さを明確にしていくプロセスから始まった。アーロンは学校側の起こったことについての説明に異論を唱えず，ミーティングの前に，自分のしてしまったことに対する

償いをしたいという気持ちを示していた。

それから会議の進行役は，白板に書かれた「人が問題なのではない，問題が問題である」という言葉の下に丸を描き，出席者それぞれの視点から，何が問題だと思うか挙げるよう尋ねていった。それぞれの発言は，外在化された言葉でその円の中に書き込まれた。リストに挙がった言葉には，「悪意ある暴力」「攻撃性の問題」「ギャングがふるうような暴力」「言語スキルの欠如」「ネガティブな態度」「いじめ」，そして「脅しの巧みさ」があった。アーロンも問題を「けんか」と呼んだ。

このリストを見ながら進行役は，「これらの名前すべてが問題なのですね。ここで，あなた方一人ひとり順番に，この問題（白板に書かれた円を指しながら）がそれぞれに及ぼしている影響を1つ挙げて話していただきたいのです。テオ，あなたが最も直接的に起こったことによる影響を受けました。あなたから始めてくださいますか」と言った。

テオは彼のあざやその治療，学校に来ることに対する恐怖について話した。彼の両親はテオを支持して，テオの安全に関する心配にも言及し，彼の勉強時間が脅かされ，いくつかの授業で遅れをとっていることもつけ加えた。また，彼を私立の学校に転学させることも考えていると言った。

それぞれの問題の影響が，円から放射状に書かれたスポークの先に板書されていった。進行役は続けて，それぞれの出席者に及んでいる問題の影響を，順番に全員が話し終わるまで聞いていった。たとえば，アーロンは自発的に，自分が学校から退学処分を受けるかもしれないと発言し，それは起こってほしくないと加えた。

こうした問題とその影響についての綿密な探索の後，進行役は2つ目の円を描き，その円からも放射線状にスポークを描いた。

そして彼は最初の円を指して，「これが，私たちをここに一堂に会させた問題です。非常に深刻な影響を及ぼしている重大な問題です。しかし，どんな問題の物語でも，人や状況について知るべきすべてを語れるわけではありません。ここで，アーロンについて考えてみてください。もし私た

第5章 相反する物語の構築

ちがこの問題の物語のみに注意を向けていれば知ることのない彼について，何か知っていることはありますか。この問題で語られる彼には合致しない話をだれか話してくださいませんか」と伝えた。

小さなためらいの後，国語教師のマイクが，ある授業でのアーロンの様子を話し始めた。アーロンがジャーナリズムプロジェクトのグループでリーダーシップをとって，彼の担当箇所が終わった後，他の生徒の手伝いをしていたという。この話は，白板に描かれた2番目の円から出ているスポークの先に板書された。

進行役はさらに，「問題の物語のアーロンから，この話のアーロンがどう違うのか，教えてくれますか。」と尋ねる。マイクは少し考えて，「彼は確かに，責任感も持てるし，ほかの生徒に害を与えるのではなく役立つこともできます。彼が望めば」と言った。

進行役は，「責任感」や「役立つ」という言葉を円の中央に書き込んだ。

フローレンスが次に発言した。彼女は，愛する孫がとても賢く社交的で，何年も家族の将来を担う期待の星であったことを話した。進行役はまた，彼女の言葉のいくつかを書き出し，彼女の語った話に出てくるアーロンが，問題の物語にどうそぐわないかを尋ねた。

フローレンスは，彼の性質は暴力的というより心優しいのだと言った。これも，円の中心に書き込まれた。

テーブルをめぐるように会話が続けられ，アーロンが怪物というより間違いを犯してしまった生徒のように描かれた物語がいくつか語られた。テオの母親アンジェリカでさえ，アーロンとテオがかつて同じユースグループにいて仲良くやっていたことを話した。円の外側に書き出す話が，内側に書き込むポジティヴな性質のリストの増加に伴って増えていった。会議の緊張状態と陰鬱な雰囲気が少し緩和され始めた。

相反する物語を表す円に書き込まれた内容が充分に詳しくなり，話したい人が皆話し終わった後，進行役は次の段階に移った。アーロンに直接，2つの円を気をつけて見てよく考えるように言った。

「2つの物語のうち，どちらがこれからのあなた自身だとここにいる皆に知ってもらいたいですか」

アーロンは少し微笑んで，躊躇なく相反する物語の要素が記録された2番目の円を指さした。

「ありがとう」と，進行役が言い，続けて「ここで，私たちのすべきことは，この問題の物語が消えていき，別の物語が成長して，そこに描かれているアーロンが将来の彼自身だと，ここにいる皆が納得できるような計画を立てることです」と言った。

出席者全員が，別の物語を成長させるためのアイデアを出すよう求められた。被害者の声を優先するため，進行役はまたテオと彼の両親から始めたいと言った。被害者の声を最初に聞くことはとても重要である。

「テオ，問題があなたに及ぼした影響について，怖い思いをしていると少し前に話してくれました。アルバートとアンジェリカ，あなた方も，息子さんの安全を心配していらっしゃいますね。その恐れや心配をなくすために，どんなことが起こる必要があると思いますか」

アルバートは，現実的にそれがかなうとは思えない様子で少し懐疑的であった。アーロンとその友達の攻撃性やいじめのパターンは，定着していたからである。

「最初に君がすべきことは，君がやったことへの謝罪だ」と，アルバートはアーロンに直接伝えた。

アーロンは恥じ入った様子で，謝罪の言葉をつぶやいた。

「ありがとう，アーロン」と，進行役が優しく言った。「アルバート，この謝罪が信頼に足るものだとどう見極めますか」

アンジェリカが答えた。

「アーロンが息子を攻撃しているとき，笑っていた彼の友達にも話す必要があります。テオに謝るだけじゃ充分ではないわ。友達も，アーロンが自分のしたことを恥じている事実を聞く必要があります。アーロンが実際に申し訳ないと思っていることが前提だけど」

第5章　相反する物語の構築

「アーロン，どう思いますか」と，進行役が尋ねた。

アーロンはとても決まりが悪い様子で，何と言ったらいいのかよくわからないようだった。最後に，ティナとマイクの助けを借りて，彼はテオと彼の3人の友達を交え，彼の母親と国語の先生も出席する「儀式的なミーティング」を開くことに同意した。そこで彼は，友達を前にテオに再度謝罪をして，友達にもテオに親しくするようきちんと頼み，暴力やいじめの標的になるようなことはないと約束する。アルバートは，アーロンにこれができるかどうか確信が持てなかった。したがって，アーロンが話す内容を書いた作文を事前に用意して，ミーティングでそれを読み上げることが決まった。さらにこの作文を，ミーティングが開かれる前にアルバートと学校長が査読することも決定した。

会議ではこの計画の詳細な要点をさらに吟味していった。フローレンスはアンジェリカに，孫がしてしまったことをとても恥じていると伝えた。テオの家族が経験していることに同情を示して，2週間下校時に毎日学校の門のところで孫とテオを待ち，暴力が起こらないよう監視する，とも提案した。

アーロンのソーシャルワーカーのローラは，2か月間毎週金曜日にアーロンと会い，暴力から遠ざかる方法を話し合うことを提案した。アーロンはこの提案に意欲を示した。ティナは「ほっとした」と言った。アーロンが，けんかや暴力にあふれた若者文化に影響されていることを非常に懸念していたからである。学校側とソーシャルワーカーに，この流行をなくす支援をしてほしいと伝えた。

事件に関与していた男子生徒の人間関係を，学校にいる間監視するシステムも話し合われ，ティナは，カウンセラーに，今学期中アーロンの教室での行動を報告してもらうため，毎週電話でチェックすることに同意した。

大人たちが皆話した後，テオが勇敢にも発言し，アーロンに直接，彼がしたことは間違っており，友達になろうとは思っていないが，身体的な脅威を感じることなく折り合いをつけたい，と伝えた。

アーロンはテオの言うことを聞いている間決まりの悪さで落ち着かない様子だったが，きちんと最後まで聞き，今度は目に滲む涙をぬぐいながら謝罪の言葉をもう一度口にした。会議はアーロンの家族とテオの家族の間で握手が交わされて，お開きとなった。
　この会議がアーロンに及ぼした影響は強烈だった。彼に課された課題は，学校が彼に課したであろうどんな処罰よりも彼にとっては難しかったが，彼は取り組んだ。さらに，彼にとってはいっそう難しいことではあったが，校内暴力があったことを友達の前で認め，彼らにも自分はもっと気をつけて行動し礼儀正しくしなければならないと伝えた。友達は少し困惑していたが，この変化につきあった。
　このケースは，前項のメディエーションの例の中で語られた物語とは種類をまったく異にするが，同じ原則が働いている。12人も出席している会議では，2人の間のメディエーションよりも対話を系統立てて導いていく必要があるが，問題の物語と相反する物語を比較検討する方法で構成していくのは同じである。両ケースとも，交渉すべき事柄に取り組む前に，相反する物語を構築している。
　さらにこのケースの会議の中で強調されたのは，問題の物語と相反する物語の両方ともが，地域のネットワークの中に織り込まれていると再確認することだった。典型的な多くの裁判や学校の懲戒プロセスでは，変化を起こす責任は個人だけに集中している。しかしナラティヴメディエーションでは，外在化の言葉を利用して，関係者皆が物語の構築プロセスへの責任を共有していく。アーロンが相反する物語の成長に向けて責任ある選択をするよう促された一方で，その実行を後押しするのは，個人的非難ではなくコミュニティのサポートだった。この点を意図的に強調する表現は，「個人的ナラティヴはその個人だけが繰り出すものではなく，社会的なやりとりの経緯の中で構築されるもの」という社会的構造主義の信念にも見て取れる。

第 5 章　相反する物語の構築

◆対立コーチングの例

　相反する物語が発展していく 3 番目の例は，ある学校でのカウンセリング場面である。17 歳少年マヌがスクールカウンセラーに，週末自宅で起こった対立に彼がどう対処したかを話していた。マヌは，彼の父親が母親に対して暴力をふるい始めたときに介入した。マヌは 2 人の間に踏み入ったが，父親の攻撃が和らぐことはなかった。母親に逃げろと叫ぶ間，マヌは父親と 1 分間ほど取っ組み合った。

　数分後にはこの出来事は終わっていた。マヌの母親はすぐに妹のところへ向かった。マヌ自身も家を出て，絶望を感じながら 4 時間ほど外を歩き回った。ようやく家に戻ったとき，父親はすでに就寝中だった。マヌはまだ怒りで煮えくり返っていたが，自室に入ってからこぶしに怒りを込め，壁をパンチした。マヌはカウンセラーに，青あざで腫れ上った手を見せた。彼の指の一本は骨折しているようだった。

　カウンセラーと 2 人で起こったことを振り返りながら，マヌは父親と争ったことは好ましくなくても，母親を守ろうとした自分の努力に誇りを持っていた。しかし壁をパンチしたことには，彼自身がっかりしていた。カウンセラーはこの点に興味を持った。

　「そこまで怒りを感じたくないんだ」とマヌは言った。「まるで自分の父親のようだから。こぶしで殴りかかることがさ」

　カウンセラーはこの反応に，相反する物語の始点を見出し，マヌの自分を残念に思う理由をさらに掘り下げていった。マヌが好む別の方法での対応や，身体的虐待に頼らない関係性への価値観を，彼の言葉で明確に話す手助けをした。

　「君は，自分のお父さんの例をよく知っているから，自分がお父さんのようになるんじゃないかと恐れているわけね？」と，カウンセラーが想像する。

　「そうです」と，マヌは顔に感情を表しながら認めた。

　「その気持ちはわかるわ」と彼女は考えに沈んだ。「なぜって，君のお父

さんの例はおそらく君が最もよく知るものだろうから。けれど，君はその例に倣うか，または抗うかという選択もできるのよ」

彼女はここで，慎重に外在化の言葉を使い，マヌの父親を悪い人間としてではなく，「よくない例」として話している。また，モデルとするよい例を見つけなければ，マヌにとって父親の例に倣わないよう集中するのは難しいだろうとも気づいていた。

「何か，引き合いに出せる他の例はないかしら？」

「どういう意味ですか」とマヌが尋ねた。

「君に近い大人で，君が例として倣えるような，女性に対する別のふるまい方を示してくれている人はいる？」

マヌはすぐに，「僕の叔父さん」と答えた。

「君の叔父さんについて，もっと聞かせて」

「彼はとってもかっこいいんだ。ボートを持っていて，僕を魚釣りに連れて行ってくれる」

「では，叔父さんの女性に対するふるまい方について，どんなことに気づいている？」

この後に続いたのは，マヌと彼の叔父さんについての長い会話だった。マヌは実際，叔父さんと母親の妹である叔母さんとの関係をよく観察していた。カウンセラーの励ましを得て，彼は叔父さんの行動を徹底的に分析した。叔父さんのパートナーに対する，2人が物事に関して意見が食い違うときでも崩れない穏やかなふるまいや愛情深い尊重の態度を，挙げられるだけ詳しく挙げていった。これらの話をしている間，マヌはとても快活になっていた。叔父さんや叔母さんと多くの時間を一緒に過ごしていたし，叔父さんを尊敬していた。彼の叔父さんは，彼がなりたいと思うような種類の人間のモデルとして利用できそうだった。マヌはカウンセラーと，自分の人生に織り込みたい関係性の基本原則を挙げて物語を構築していき，そして実行に移すことにした。

明らかに，発展させたのは父親の暴力の話に相反する物語だった。今回

この相反する物語には，成長モデルとして役割を果たす別の関係性を掘り下げることでアクセスできた。マヌが自分の父親を愛するのを止める必要もない。母親を守るために立ち上がったというプライドも捨てなくていい。彼が尊敬する価値観の持ち主である他のだれかに，自分のふるまいのモデルを求める決断をしただけである。これが，「物語の筋は常に複数存在する」というナラティヴの前提を示す，もう1つの例である。

◆相反する物語を展開するための原則

　前述したどの例においても，専門家が興味を抱いて掘り下げるなら，別の関係性の物語は常に存在する，という前提に立ってメディエーションを進めている。この核となる信念は，純粋に「人生の複雑さ」の上に成り立っている。最初は見つけるのが難しくても，対立の物語にある小さな例外は常にどこかに潜んでいる。

　問題解決の実践家は，例外やユニークな結果が自発的に現れる瞬間をとらえるため，注意を怠らないでいる必要がある。これらの瞬間は，丁寧に二重傾聴を実践して見つけることができる。自発的に現れない場合，次の選択肢として，その存在を直接尋ねる。それでもまだ現れないときは，もう一度質問したり，その質問を言い換えたり，別の場所で尋ねたりすればよい。

　ナラティヴ実践におけるもう1つの重要な原則は，「好奇心の発揮」である。好奇心がその「瞬間」を覆し，その奥深さや他の瞬間とのつながり，創造力を露呈させる。ミシェル・フーコー（Foucault, 1989）は，好奇心についてこう述べている。

　　（好奇心は）関心を喚起する。存在するまたは存在しうるものに対する配慮を喚起する。決して不変的にはならないが，鋭い現実感を呼び覚ます。我々の環境が不思議で奇妙だと気づく準備が出来る。我々を「慣れ」から解放し，物事を逆の視点でみる，ある容赦のなさを喚起する。何が今起こっているの

か，何が過ぎ去ろうとしているかを捕える情熱を喚起する。重要人物や基本事項のそれまでのヒエラルキー（優先順位）を，気にせずにいられるようになる。(p.305)

　この好奇心が，人生における重大な瞬間，もし好奇心がなかったら消えてしまうような瞬間の，束の間のちらつきを長引かせ，重みを持たせ，強い影響力を持たせるのである。
　次の原則は，「うまく創造された物語を美しいと愛でること」である。ユニークな結果を見つけたら，実行可能でうまく創造された物語に成長させていかなければならない。うまく創造された物語には，当事者たちの時間の一側面を占める一連の出来事が自然に織り込まれているものである。ばらばらに起こる偶然の出来事のままではなく，ある程度一貫している主題に沿ってまとめられている。環境や文脈の仔細事実が含まれ，登場人物や人間関係がある程度特徴づけられて描かれる。上述の好奇心は，このような物語を構築する目的に向かって発揮される場合，とても有効である。つまり，次に挙げる内容について掘り下げるための，意図的な努力とも言える。

- ユニークな結果が現れる背景
- ある出来事のあらすじを構築する一連の決断，行動，そして反応
- ユニークな結果を具体化する価値観，責任，希望，夢，そして貴重な原則
- 違いを生じさせる行動を起こすための意味づけ，強調，重要化，理由づけ
- 相反する物語につけるもっとも適切な名前

　この章で挙げたすべての原則が守られたなら，対立の物語に相反する，実行可能な関係性の物語の出現する可能性がみえてくる。この物語にある

程度の生存能力がつけば，交渉を必要とするどんな未解決事項をも解決する基盤となる。この点が次の章の焦点である。

◇要点のまとめ◇

・人生は，ただ1つの物語として語るには，ずっと複雑である。
・ユニークな結果は常に存在する。
・人が不満に思う物事には，その逆の「好ましいこと」が暗示されている。
・その「好ましいこと」を掘り下げるか，または「好ましいこと」を示す瞬間をとらえるか，が勝負である。
・このような「検証・掘り下げ」には執着心と好奇心を必要とする。
・対立の物語に相反する物語は，協力体制，尊敬，理解，平和といった関係性のテーマで整理できる。
・相反する物語は，追想できる歴史を常に持つ。また，明確に言語化された約束事や慈しまれてきた価値観を基盤としている。
・相反する物語が生き続けるためには，うまく構築された物語として明瞭に語られなければならない。
・実行可能な相反する物語は，未解決事項を交渉する基盤となる。

第 6 章

変化を持続させる

　人を問題の物語に固着させ続けてしまう対立上の力は，多々存在する。とても強力なため，最初に出現してきた「相反する物語」に屈服することはあまりない。不快で有害な対立に縛られている人々は，その爪から逃れるのに苦労する。なぜなら，その対立上の自分の視点が正しい，あるいは少なくとも有利だ，または好ましいとの確信を持っているためである。彼らにとって，対立を解消するとは自分の真実の主張を否定すること，または（不正に対する）義憤を持つ立場を捨てることのように感じる。そして，合意を作り出す段階で，結局劣勢となってしまうのではと恐れてもいる。一方がもう一方を病的だと簡単にみなすことで，対立はさらに深まっていく。当事者たちは自分自身の対立への関与を悪意のないものととらえる傾向にある一方，同時に相手側に悪意を募らせていく。

　実践方法の中には，メディエーション終了後も当事者に侮蔑の念や不信感が残るにもかかわらず，おざなりにすばやく対立を解きほぐしただけで合意や和解に到達するものもある。相手を病的に考えることや非難することへの強い誘惑の陰で，協調や理解の物語を持続させていくのは難しい。

　調停者は，人々を対立の物語に引き込む力から影響を受けないわけではなく，問題状況を柔軟性のない狭い視野でみるよう誘惑されることもある。対立の渦中にある人々はたいてい，もう一方を病的にみたり悪者扱いし

りすることに，あの手この手を使って調停者を誘い込もうとする。調停者が一方を非難する視点に陥ったとき，公平で好奇心あふれた姿勢を保つ能力を失う。よって難しい対立に立ち向かうのに不可欠な創造性や柔軟性を否定することになってしまう。

　この章の基本的な前提は，「関係性のナラティヴがしっかりと人生に組み込まれ始めるとき，望ましい変化を持続させられる。そのナラティヴは合意の一瞬間のために変化するのではない」ということである。対立のナラティヴに相反するナラティヴは，一時の和解という出来事に至るまでではなく，その後も生き延びる必要がある。話の筋に厚みをつけ，登場人物を成長させ，主題をよく練るべきなのである。

　そうなるためには，当事者たちがお互いを病的にみなしたり否定的で視野が狭く柔軟性に欠く分析をしたりするのではなく，対立する相手の真意や目的をより深く包括的で共感的に理解していかなければならない。この章の主眼は，特別で共感的な理解を両者の間に構築し，この深まった理解に育まれた関係性の相反するナラティヴを入念に練っていく，という調停者の重要な役割を明確に説明することにある。この理解に到達するには，部分的には双方にとって何が危機にさらされているかについて，また，異なる視点や食い違う意見を形成する力の発端について，興味を示し続ける必要がある。そして，これまでは考慮されてこなかった物事の詳細をさらに取り込んでいくことで，関係性のナラティヴを深めていくことも求められる。ヘンリー・ワズワース・ロングフェローが，その方法についてこう述べている。

> 我々がもし敵の隠れた歴史を読みとれるとしたら，敵意を和らげるに足るだけ，一人ひとりの人生が悲しみや苦しみに満ちたものであることがわかるだろう。(Longfellow, 2000, p.797)

　ロングフェローは，対立の物語の外側にいるときの相手を知ることで，

相互理解や相互尊重を獲得できると指摘している。そうすれば，人々が対立状況で固持しがちな防御の姿勢を崩すこともできる。また，複数の話の筋が常に存在する，というナラティヴの前提を改めて表明してもいる。これらの話の筋の存在をきちんと認めることが，人々にとって対立に支配されない別の（オルタナティヴの），より好ましい関係性の物語を創造する動機となる。

◆ファンタジー（空想の）物語

　これまでの章とは対照的に，ナラティヴメディエーションの原則のいくつかを，おとぎ話のような比喩物語を使って説明してみよう。

　　ある晴れた日の朝，遠い国のどこかで，大きなカエルが地球の水をすべて飲み込もうと心に決めました。彼は得意な様子で満腹になってそこに座っていました。カエルは，青や緑の山のような水の塊に見えました。体の皮はパンパンに張ってほとんど透明でした。体が重すぎて，とても動けませんでした。そこでそこにただ座って，彼の前にすべての動物や人間が集まってくるのを見つめていました。
　　「これからどうしよう？」と，すべての生き物たちが泣き叫んでいます。「川や小川，海を戻してくれないと，僕たちはみんな死んでしまう」
　　3日間，カエルに水を返すよう祈ったり懇願したりしましたが，カエルは全く動きません。子供たちは泣き，老人たちは苦しみ，やがて砂漠の砂が水平線からだんだんと近づいてくるのが見えます。何とかしなくてはなりません。

　　　　　　　　　　　　グーゴー（Gougaud, 2000）の翻訳と翻案
　　　　　　　　　　　　（Beaudoin & Tylor, 2009, p.8 から引用）

　カエルと動物や人間の間の，対立解決の手助けをする調停者だと想像してみよう。おそらく，苦しみに対処するにしたがって，公平で冷静な立場を保つのは難しいだろう。このとんでもない行為に苦しむ動物や人間に，

危害が降りかからないようにしようと躍起になるだろう。カエルが水を解き放つよう力ずくで解決したいとさえ思うかもしれない。この行動が即座に非常に大きな集合体を満足させるだろうと考えながら。しかし，この非常事態は解消されるだろうが，そもそもこの対立を生んだ事柄に取り組まなければ，再び同じことが起こる可能性は残ったままである。ここで，ナラティヴの技法を応用しながらこの対立に取り組み，持続する変化を生み出す練習をしてみよう。

どんな対立状況でも，問題が染み込んだナラティヴをさらに詳しく述べ立てることは，対立に影響されている当事者たちにとってほとんど努力のいらないことである。典型的には，自分たちの対立への参加を悪意のないように演じ，相手に対する悪意を募らせながら，お互いを病的だとなじり合う。悪意ある役者はだれか明らかにみえるため，カエルを攻撃するのは容易い。お互いを病的とみなし合うナラティヴに巻き込まれるのを防ぐため，調停者は，すべての当事者の行動は，彼らの中では当然の成り行きや結果ととらえられていることを念頭に置いておく必要がある。

したがって最初の課題は，対立が生じている背景の出来事について尊重の態度を示しつつ追求していくことである。これには，当事者が表現していない言動やほのめかしのコメントを探索し，作用している背景の文化的エネルギーを発掘して，明確に述べられていない希望や意図，価値観を掘り下げる，しつこいほどの好奇心を必要とする。調停者が利用できる質問例を以下に挙げる。

- 何を成し遂げたいのですか。
- どんな状況があなたにこれらの行動を起こさせたのですか。
- どんなニーズや願望をあなたはかなえたいのですか。
- この社会で，どんな自己像を表現したいですか。
- 現在，あなたの起こした行動はどうあなたに影響を及ぼしていますか。

第6章　変化を持続させる

　調停者は，カエルが，他の動物や人間と同様に生きたいと思っているが，今はうまく息もつけず，動いたり食べたり，普通のカエルがすることをしたりするのもままならないでいると気づく。自分の重みで水に入っても溺れてしまう。調停者は，カエルに生きたいかどうかを尋ねる。カエルは，水を安全に放して，カエル自身または動物や人間にとってさらなる混沌をもたらすのを避けたいという願望を身振りで示す。しかし，速やかな和解は危機的場面を中断させるが，それ自体が新しいナラティヴを構築するわけではない。

　カエルと動物や人間の関係を描いた新しいナラティヴを創造するには，調停者はさらに作業を進めなければならない。作業とは，そもそもなぜ危機に陥ったのかという経緯を紐解くことと，そこに二重傾聴を駆使することである。当事者の関心ごとや価値観の変化の軌跡を，過去を遡り現在そして未来に至るまでたどることで，同じような劇的な行き詰まりに向かうことのない新しい道筋を切り開ける。この新しい関係性の軌跡を構築すれば，ただの差し迫った危機への嫌悪ではなく，進行していく解決のナラティヴを生み出せる。調停者は，動物や人間を招き，彼らの視点，考え，希望，価値観を，以下のような質問をして共有することにした。

- カエルの行動によって中断されることのない人生を生きたいという願望は，どんな状況で起こりますか。
- どんな人生を生きてきましたか，そして続けていきたいですか。
- そもそもカエルにとっての問題がなぜ生じたかを，どう理解していますか。
- この苦しみを和らげるのに，どんな行動を起こしてきましたか。
- この状況を解決するのにどんなことができるでしょうか。
- あなたはなぜ，水を解放してくれとカエルに懇願するのですか。

　この時点で，持続可能な変化の文脈を創造するためには，より奥深い説

明を求める必要があった。対立が続くこととは相容れない関係性のナラティヴの舞台を整えなければならなかった。このナラティヴを構築するには，丁寧で慎重な二重傾聴と同時に，カエルと人間や動物のコミュニティ間の関係をうまく理解するための「共感」を利用する必要があるだろう。

　カエルによれば，長年動物や人間は水を汚染してきたという。現在，すべての生き物が絶滅の危機に瀕しているほど，ほとんど耐え難い度合いで水は汚染されている。カエルは，カエル自身の生息環境そのものである水の汚染が進んでいることに対して，動物や人間よりもずっと敏感に反応した。カエルはこれ以上受け入れられないと思った。他のカエルたちの多くは，寿命になるずっと前に病気になったり死んだりしている。カエルの子どもたちも，動物や人間の生活スタイルによって生み出された有害物質のせいで死んでいる。今日まで，環境汚染を止めてくれというカエルの願いはすべて，生き物全体のコミュニティから無視されてきた。したがって最後の手段として，差し迫った破滅を避けるため，何か徹底的な手段を講じるべきだという思いにとりつかれた。

　人間は，目の前の欲望を満たす消費の中毒のようなサイクルに，急速に資源を枯渇させているとは承知しながら，無意識に巻き込まれてきたと認めた。カエルの嘆願に耳を貸してこなかったことも認めた。カエルの行動が引き起こした危機は，警鐘ともとらえられ，動物や人間が自分たちで，汚染危機への関与について話し合いを持つ後押しともなった。人間は，他のすべての動物よりも自分たちがもっと重要でどういうわけかもっと価値があると錯覚させる物品を集め続けるよう促す，たちの悪い力に巻き取られてきたとも認めた。物品の収集癖を直すのは難しいと承知しているが，カエルたちにすでに降りかかっている運命と同様に，必然的に自分たちも苦しむだろうと考え，カエルのコミュニティにはより共感的だった。

　動物たちについては，自分たちを野生と定義するものと，明らかに人間によって家畜化されたものの間で，視点の相違が持ち上がった。家畜化された動物たちは人間と共謀していると責められた。また，ゴミ漁りで消費

環境の恩恵を甘んじて受けている動物たち（野良ネコ，野良犬，カラスなど）もやり玉に挙げられた。一方で，絶滅危機種を代表する動物たちは，カエルの言い分を真剣に聞くよう熱心に要請した。この危機には多種多様な視点があることが次々と明らかになっていった。最後には，動物と人間は末永く健康的な生活を選ぶほうが，引き続きピカピカした物品を収集・獲得するより好ましいとの結論に達し，カエルのコミュニティの悩み事も受け入れ始めることにした。

ここで調停者は，孵ったばかりの「受け入れのナラティヴ」を，飛び立てるように育てるため質問を始めた（鳥類はこの比喩に特に乗り気になった）。共存という考え方の背景にふれる質問である。人間や動物のコミュニティに存在する価値観の歴史を掘り下げることでもある。忘れられてきた保護の価値観や，他種の尊重という価値観が語られ始めた。

調停者は，「この地上で生き延びる方法を具体化するため，どんな具体的な行動を起こそうと思いますか」と尋ねた。

様々な反応を聞き取った後，調停者はカエルに向き直り，皆の返答を聞いて自分の考え方に影響があったかどうか尋ねた。

「はい，あります」とカエルが鳴いた。

「どんな影響しょうか」

「もっと皆で力を合わせれば，自分の窮地に気づいてもらうのに極端な方法をとらなくても済む，ということがわかりました」

相互生存を実現するための責任感が，徐々に皆の間に生まれてきた。さらに，すべての当事者が調停者とともに，環境を保護する一方で，生き延びるための必要資源を供給する一連の行動を模索することに興味を示した。当事者全員の行動を動機付ける事態についての理解が得られた今，未解決問題の解決に至る共通理解を促す計画や戦略，行動を実行に移すプロセスについて，調停者は検討を重ねやすい立場に立った。

相互理解や尊重のナラティヴの中に身を置いて初めて，協調や合意の物語を現実的に持続させ得る。力ずくで合意させられると，簡単にもとの言

動に逆戻りしたり，相手を病的にみなし非難がましい態度をとるなどの行動の原因を招いたりする。最後には，調停者はすべての人間や動物が，話し合いで生み出された相互理解を文書化して，それに従うための憲章を起草することを提案した。

このおとぎ話が，「困難な対立にもかかわらず，別の（オルタナティヴな）ナラティヴを持続させる」というナラティヴの大原則を紹介する目的を果たしたことを願う。この物語で言及されたナラティヴの原則をここでおさらいしよう。

- ある人が強硬手段をとったとき，その人の心中では何らかの形で道理が通っていると想定する。何に対してその怒りの表現で抗議しているのかを，さらに掘り下げる。
- 対立にはまっている当事者たちが，直接表現するあるいはほのめかす目的，希望，そして行動について興味を持つ。
- ナラティヴ生成の基盤となる考え方，表現，そして行動を二重傾聴することによって，相互理解，共感，尊重，決意を引き出す。
- 視野が狭く薄っぺらな対立の説明をさっと聞き流す代わりに，対立における当事者の立ち位置を示す背景の文化的ナラティヴに注意を払う。
- 対立を外在化して，人々（または動物たち）に及んでいる影響を検討する。
- 起こったことについて，さらに豊かで特別な意味合いを持った理解，すなわち複雑な理解を深める。
- 対立の中で育ってきた当事者間の関係性の物語と，理解・協調・尊重が主流となる芽生えたばかりの物語の，違いの出現に注意を払う。
- 相反するナラティヴの歴史を掘り下げて，当事者のその物語への関与を強める。
- 異なる関係性の物語の展開を期待する行動の根底にある，価値観・

責任感・原則・重要な目的に興味を持つ。
- 当事者がはっきりと信奉する価値観・責任感・原則・重要な目的にも興味を持ち，これらを直に具現化する具体的な行動を詳しく尋ねる。
- メディエーションの対話で生み出された進展を，将来の参考のため文書化する。

この章の残りで，優勢な対立のナラティヴとは別の方向に延び，異なる将来を生み出すナラティヴを育て伸ばす，ある具体的な実践について取り上げる。

◆離婚調停における相反するナラティヴを持続させる

間に子どもがいるパートナーとの離婚の典型的な特徴は，大人同士の対立と子育てについての対立とが，混同してしまうことである。たいてい，大人同士の関係が破たんした結果離婚に至る場合，子どもたちとの関係も悪化してしまう。

ナラティヴメディエーションについて書いた私たちの最初の著作（Winslade & Monk, 2000）に，大人同士の対立に巻き込まないでほしいという切実な思いを，はっきりと説明できる年齢の子どもたちから直接もらったコメントを掲載した。両親が自分たちの経験する痛みや苦しみから子どもたちを何とかして守る場合，離婚によって生じる家族崩壊の絶望感を，子どもたちはそんなに味わわずに済む（Emery, 1995）。

ある意味，夫婦間の対立に「汚染された」育児になってしまうのは理解できる。配偶者であると同時に保護者であることは密接に関連し合うし，両立場とも個人のアイデンティティに深くかかわっているからである。しかし，パートナー同士としての夫婦間の関係と保護者としての関係の間には，重大な違いがある。別れる前はこの違いはそんなに重要ではないが，別れた後は非常に重要となる（特に子どもたちの幸福度に関して）。離婚

による移行を成功させるキーポイントの1つは，夫婦関係から子育てを切り離すことである。配偶者としての夫婦関係は終わるが，たいていの場合，子育ては終わらない，または終わらすべきではない。パートナー同士としてもはや一緒に住んでいなくても，離婚した双方とも永久に子どもたちの親なのである。

しかし，多くの人々がこの移行につまずいてしまう。パートナーとして対立した結果感じる不満や苦悩が，子どもたちのことにも波及し，口論に発展しやすくなる。父親の中には，保護者としての責任を放棄する者もいれば，以前は妻に依存していた子育てに急に関心を持つ者もいる。女性の中には子どもたちを自分の側につけて，子どもたちの父親との関係を悪化させる者もいれば，前夫の保護者としての一挙手一投足を批判したり子育てへの新しく芽生えた関心に憤ったりする者もいる。

このような状況では，パートナー関係のナラティヴと保護者関係のナラティヴとの間にある違いを，メディエーションで明らかにして当事者たち（カップル）を支援する。この違いを基盤にするナラティヴの基本原則は，人は皆，複数の物語に生きる，ということである。この考え方を単純に応用すると，個人が持つ他人との関係にも複数の物語がある，といえる。多くの人が考えるように，「ある人に対してただ1つの関係性ナラティヴがある」わけではない。配偶者として1つの関係性ナラティヴがあり，保護者としての別のナラティヴがある。時々，保護者として協力し合うナラティヴが強力で問題がないこともある。もはや同居することが考えられないほど，親密なパートナーとしての生活がダメになっているナラティヴが同時に存在しながら。

一度この違いが明らかになると，和解に向けて相反する物語の構築に集中でき，保護者として継続する関係のナラティヴに絞ることができる。配偶者間の対立物語を外在化して，保護者のナラティヴに及ぼそうとしている影響（どちらかの側にのみではなく，双方共に及ぼす影響）を弱らせることに質問の矛先を向けられる。この保護者ナラティヴは移行期にあるが，

配偶者ナラティヴのように消えていく脅威にさらされているわけではない。
ここで，この違いを明らかにする質問例を以下に示す。

- あなた方は配偶者として離婚しようとしているわけですが，どちらも子どもたちと離縁しようとは思っていないでしょう。そうですね？それはなぜですか？
- どんな保護者としての関係が，あなた方の子どもたちにふさわしいと思いますか。その関係構築に向けてあなた方のどちらも努力していきたいと思っていますか，または思っていませんか。
- あなた方のこれからの関係は配偶者関係とは異なりますが，その違いによる影響から，子どもたちをどう守りたいと考えていますか。
- 配偶者間の対立が保護者として協力し合うことを邪魔していると気づいたことがありますか。
- 配偶者間の対立にのまれてしまう脅威から子育てをどう守っているのですか。
- 配偶者としてよりも保護者としての関係でいるとき，どんな会話の内容には踏み込んではいけないのですか。配偶者として対立していても，あなた方が大切だと思う子どもたちのための会話はどんな内容ですか。
- 別れた後，別れる前と同様に保護者として協力し合った例を挙げられますか。
- 保護者としての協力の度合いはだいたいどの程度か，どう自分で評価しますか。例えば，1は協力の仕方にひどい問題がある，10はすばらしい協力の仕方である，として1から10の数字を選んでください。
- あなたがこのような，普通は別離に至ってしまうような難しい問題にさらされているとき，どう（例えば）5という高い評価ができるのですか。

◆持続する変化の中で果たされる謝罪の役割

　謝罪は，「相反する物語」を発展させるのに明らかに重要である。傷ついた評判を復活させることができるし，より好ましいアイデンティティの受け入れを促すこともある。対立では，多くの場合傷つけられ屈辱を感じさせられ，恥をかかされた相手からの謝罪をお互い待っているものである。希望としては相手からの謝罪で，その相手への悪い感情を解消し，前進したいのである。

　そのような謝罪が果たされなさそうな場合，自分を傷つけた相手を病人扱いしたくなるものである。協力的関係のナラティヴはたった1つの行いで，またはいくつかの誤解された言葉によって簡単に崩れ，強力な非難のナラティヴに素早く取って代わられてしまう。これらのナラティヴによって，強力な最後通告がなされたり，何から何まで相手の性質のせいにしたり，関係を排除しようという決心がなされたりする。ここでその例を挙げる。

- 彼はとても無礼で悪徳だわ！　彼とは金輪際かかわらないようにする！
- 同僚とはうまくいっているように見せかけているけど，どんなことをしてでも彼女を避ける。彼女がしたことを絶対に許さない！
- 彼らが陰で私のことを何て言っていたのかを聞いたとき，ひどく屈辱的に感じました。彼らにはもう何も言いたくありません。胃がムカムカします。
- 僕たちは同じチームで働いているけど，もう二度と僕の考えたアイデアを自由に共有したくはありません。（そう僕に思わせたのは）本当に彼らの損失です。
- 彼女はわかっていない。大嫌いだ。彼女が部屋に入ってくると，嫌いな気持ちでいっぱいになる。

第6章　変化を持続させる

　このような言述に対して，メディエーションでの対話が果たすべき仕事は，これまでに生じた傷ついた気持ちを認めることだけではなく，これらの言述を一連の出来事に結びつけることである。これらの言述は，特定の一連の出来事とつながっている，ある関係性の物語を象徴している。他の複数の話の筋も存在するが，それらも復活させ展開させられる。

　一度相反する物語が断絶したら，一方が対立の物語の中で言ってしまった，やってしまったことに対して謝罪をすることもよく起こる。別の場合，非難を背負いすぎるようにみえるのを恐れて，謝罪するまでには至りたくない人もいるだろう。しかし少なくとも，相手に与えた対立による苦痛を心から認めようとしているものである。このような意思表示が，対立の物語の文脈におけるユニークな結果となる。

　心からの認識を示す謝罪や意思表示が相手になされても，ジレンマも示される。謝罪は信用に値するのか，またはただの言葉なのか。対立で燃え上がる火の粉を振り払うためのひねくれた試みなのか，または異なる関係に踏み出すための誠実な努力の表れなのか。顕著な違いをもたらすものなのか，または別の行動が必要なときのただの空虚な言葉の羅列なのか。謝罪は謝罪として受け入れられるべきか，相手は直ちに許すべきだと暗示するものなのか。もしこの謝罪を受け入れたら，自分はナイーヴなのか，寛大なのか。

　ユダヤ教とキリスト教に共通の優勢なディスコースでは，謝罪の重要性が強調され，謝罪を受けた者はお返しに許すことが暗黙に期待されている。人間が恨みになるまで怒りにとらわれると，悲観的な考え方ばかり生活に浸透してしまうが，謝罪により，その考え方から自由になれるもの，としている。同様に，許容も継続する怒りから自分を解き放ち，自分らしい生活を再び取り戻す可能性を切り開くと約束する。一方で，自分を解放したがらず過去を断ち切りたがらない場合は，嫌悪や恐怖，不安が増大し，それらに縛られて生活の質も衰える。

　ナラティヴの言葉を利用して考えれば，謝罪や許容にまつわるジレンマ

87

は軽減される。普通は，謝罪で対立の物語が終わると考えるだろう。しかし謝罪（または許容の意思表示でもあり）は，対立の物語の結末よりも，相反する物語に踏み込む第一歩と考えるほうがよい。そしてナラティヴの実践では，謝罪をその物語中に起こる1つの出来事とみなす。それだけでは，長く持続すると保障できるほど影響をもたらす物語にはなり得ない。持続可能な物語の一部となるためには，つまり謝罪自体が信用に足るものと証明するには，物語中の他の出来事とつながっている必要がある。ナラティヴに肉づけが必要である。特に，謝罪の言葉にはそれに続く行動が伴っていなければならない。したがって，ナラティヴの調停者は謝罪について以下のように質問するとよい。

・その謝罪の姿勢を，あなたはどう行動に表そう（それまでとの違いを示そう）と計画していますか。
・彼の謝罪が本物だと満足できるようになるまでに，どんなことが起こるべきだと考えていますか。
・ただの空虚な言葉として二度と振り返られないよう，あなた方2人はどう謝罪の上に努力を積んでいきますか。

これらそれぞれの質問は，ある前提のもとに投げかけられる。それは，「関係修復過程の他の出来事や意思表示と結びついている"（対立関係との）違い"の軌跡に謝罪を位置づけて，物語を練り上げる」という前提である。ここで，この原則を物語とともに説明しよう。

　新しく配属された校長のアレクサ・シャープルズは，配属先の中学校に懲戒規則の修復モデルを導入するために，有能な教師であるダグ・ラスキーを招いて説明した。その中学校の停学・退学率は高かった。アレクサは近隣の学校での革新的な取り組みやコミュニティとの連携で評判を築いていたし，ダグは校内での停学・退学に代わる関係修復モデルに関するナラティヴ実践に長けていた。

第6章 変化を持続させる

　ダグを含めた数人で構成するチームは，アレクサと生産的な会議をいくつか開催した。これらの会議を通して，参加者の間でお互いへの敬意と協働感が高まったし，アレクサの革新的な懲戒規則の実践への意欲にも，参加者は感謝の念を表した。地域に住む個人的な寄付者も現れ，学校の修復司法プロジェクトへの資金を調達しようと申し出た。その資金は充分にあり，寄付者は資金をプロジェクトに数か月以内に利用するよう条件として要請してきた。
　その後，アレクサは学校区の難しい政治的動向に気を取られ，修復モデルの実践の発動は一時的に中断された。彼女は学校で成し遂げていた様々な変革への批判をうまくさばいていたが，スタッフの中には彼女が導入した新基準に反抗している者もいた。
　その間，ダグは修復モデル実践の訓練用教材を計画・作成するのに多くの時間を割き，彼とチームはアレクサからの次の段階を指示する言葉を座って待つだけの状態だった。ダグは，資金の利用期限が間近に迫っているので気をもんでいた。遅れを説明するのに，ダグはチームに，アレクサが地域の難しい政治的動向に巻き込まれ，気を取られていると言った。この修復モデルの実践プロジェクトは，前進しないかもしれないとさえ，結論づけていた。
　ダグとアレクサの関係は悪化した。アレクサはダグの会議招集の要請に応えていなかった。ダグは同僚から，アレクサが，ダグにチームを整理することを期待していると聞いた。彼らは今や互いに誤解しあったまま，話をしていなかった。
　アレクサは，ダグが地域内で彼女を批判していると聞いて傷ついていた。プロジェクトの中断を彼女のせいにされていると感じていた。ダグはこの情報を聞いてショックを受け，自分は何も間違ったことはしていないと確信していた。アレクサを批判していないとも信じていた。2人は打ち解けておらず，プロジェクトも今や活動停止状態だった。メンバー間の善意は消え失せたようだった。プロジェクトの資金も失う危機にさらされていた。

ナラティヴの視点からみると，協調や信頼と敬意に満ちた関係の物語が，対立が浸み込んだ関係のナラティヴによって凌駕されていることがわかる。プロジェクトは今や煮詰まり，対立は皆に影響を及ぼしていた。チームのメンバーは互いの信用をなくし，協調性は崩れ，不敬の念が増大していた。アレクサは，ネガティヴなうわさ話で彼女の評判が傷ついたと感じていた。ダグは誤解されていると感じていたし，彼に非難の矛先が向くように彼の言葉も別の意味にとられていると感じていた。

　アレクサとダグの双方の，他者の目に生じている「貢献のアイデンティティや評判」が，対立で危機に瀕していた。貢献のアイデンティティや評判は，ナラティヴではしっかりと編み合わさり，対立を形作っていることも多い。これらが攻撃の的になっているとき，相反する物語を持続させるのは難しく，創造的な行動を協力して起こすのも難しい。必要なのは，アレクサとダグが評判を取り戻し，アイデンティティを承認してもらう機会である。何かが変化する必要がある。

　ダグは信頼する同僚からの紹介で対立コーチングを受ける機会を得，プロジェクトを再び前進させるには傷つけ合いの問題に取り組む必要があると自覚していた。ダグはチーム間の善意やチーム精神，協働感の回復を求め，そのためには何ができるか考え始めた。彼は自分の傷ついた感情を抑えつつ，アレクサに関係を修復しようと接近することにした。アレクサの苦悩の原因の一部に自分も絡んでいることを認める用意もあった。調停者を介して2人が会ったとき，「アレクサ，」と彼は始めた。「明らかに僕は，あなたを傷つけてしまったようです。僕はそのつもりはなかったけれど，他のスタッフに軽率に話をしたこと，よく言葉を選ばなかったことも認めなければなりません。状況に対する僕の焦りを言葉に込めて表現してしまったし，あなたを責めるような表現に聞こえたのかもしれません。今なら理解できます。でもそのときは，それがあなたにとってひどいことだとも，あなたがやり遂げようとしていたことを妨害するとも理解していなかった。とても後悔しているけれど，してしまったことはやり直せません。

第6章　変化を持続させる

しかし，以前の私たちの関係，またはそれに近い状態に戻れるかどうか，そしてこのプロジェクトで引き続き協力し合えるかどうか聞きたいのです」

　アレクサはこのミーティングに疑念を抱えながら出席していたが，ダグのコメントに少し驚いた様子だった。そして感動してもいた。彼女は，このまま傷ついた感覚を助長させて防御姿勢を保ちながら話すか，ダグの申し入れに反応するかの二択だと直感していた。この選択肢について少しの間，比較していた。彼女自身，以前に築き上げたダグとの協調関係の物語を思い出し，認めてもいた。また，学校のリーダーとしての自分の立場も意識して，よいリーダーならばこの状況でどうするかを自問していた。

　「ありがとう，ダグ」と，アレクサはようやく言った。「そう言ってくれるまでの葛藤も理解するわ。これまでの出来事で悩んでいたし，あなたの言ったことで恥ずかしい思いもしたけれど，あなたが今は後悔していると言ってくれたのには感謝します。確かにあなたの言うように，時計の針をもとに戻すことはできないし，傷は確かについてしまった。けれど，癒すことができない傷ではないわ。私もこの状況に対応したいようにはできていなかったと認めます。私もおそらく，起こったことについてあなたと話し合うことなしに，あなたに不満を積もらせるのが早すぎたのだと思います。また，充分な説明をしなかったためにあなたを焦らせる遅れの原因を作ってしまったのも認めるわ。そのことについて申し訳なく思うと同時に，起こったことすべてのために修復司法実践プロジェクトの仕事に支障を来たしたことにも申し訳なく思います。私も過去のことは水に流して，もしできれば，また協力関係に戻りたいと思います」

　このやりとりは明らかに，異なる関係性のナラティヴへ移行するドアを開けた。その点を強調するため，調停者はアレクサとダグに，協調のナラティヴを強化する質問をさらにいくつか聞くことができた。その質問は，過去の出来事にふれるだろうが，未来へとナラティヴを展開し構築していく影響力を持つだろう。以下にいくつかの例を挙げよう。

・ダグ，今日主導権をとって謝る価値があると思わせた，アレクサとの過去の関係とはどういうものですか。
・アレクサ，答える前に少し間を空けたとき，選択肢を吟味していたようですね，そうでしょう？もしそうなら，その選択肢を選んだのはどうしてですか。
・あなた方がたどり着いたこの新しい相互理解を実際に体現するには，今，どんなことが起きる必要があると思いますか。
・まだ話し合う必要のある，対立によってついた傷はありますか。
・あなた方が構築しつつあるこの新しい物語に，どなたか他に交えるべき人はいますか。どのように彼らを招き入れるとよいでしょうか。

◆ナラティヴレターの書き方

　この章の最後の目的は，メディエーションにおけるナラティヴ実践に沿った書類の製作と，関係する当事者にその書類を返す方法を説明することである(White & Epston, 1990；Winslade & Monk, 2000)。メディエーションでは，書類上で合意や示談内容を示すことは一般的だが，ナラティヴ実践では合意以上の意味づけを目指している。「相反する物語」として構築した和解のナラティヴを持続させることに意味があるからである。この物語は，最終合意が盛り込まれた書類に記され得る以上の内容を含む。ここに，ある家族調停における2度にわたる会議の合間に記された手紙の例を示す。最初の会議で達成できた進展に注意を向け，次に続く会議への期待を示した手紙である。ナラティヴメディエーションを専攻する学生，サイモン・エヴァリングトンによって書かれた。

　親愛なるハンナとティムへ

　次に会う前に，これまで共に話し合ったこと，あなた方が達成しえたこと，そして未解決事項をまとめたいと思い，手紙をしたためています。

第6章　変化を持続させる

　あなた方は，一連の難しい出来事に非常に悩み，別居すると決断するにいたりました。それがあなた方の関係に懸念事項をもたらし，とりわけ経済的な問題が起こることを恐れ，ローラ（2人の娘）に悪影響があるのでは，と不安を感じておられます。

　それにもかかわらず，あなた方はお互いへの賞賛と尊敬の気持ちを示されました。ごく最近まで，あなた方はとても幸せに一緒に暮らしておられました。ハンナ，あなたは「ただすべてを忘れてまた幸せな家族として暮らしたい」とおっしゃいましたね。ティム，あなたはそれが可能かどうかまだ疑問を抱いていらっしゃるけれども，「問題を起こすことなくやりとりをしたい」と強く願っているとおっしゃいました。

　ハンナ，この不和のせいでティムやローラ，そしてあなたの母上，お兄さんたちと妹さんに対して罪悪感を持ったとおっしゃいました。その思いのせいで，あなたが彼らから孤立し，ローラに対する影響を心配する種にもなりました。それがティムとの話し合いを，進めがたくしていたというわけですね。

　ティム，この不和のため感じたがっかりした気持ちについて話してくださいました。以前のようには戻りたくはないが，両方の家族間にあったお互いへの尊敬の念は取り戻したいとおっしゃいました。皆がお互いを受け入れあい，ローラが幸せにそして安全に成長できる，愛にあふれた家庭環境をつくりたいと言いましたね。この不和により，その実現が難しいと思うのですね。

　あなた方は両方とも，とにかく「何かが変わってほしい」という希望を持って問題に取り組む意欲を示してくださいました。また，どう前進していくかというアイデアも出してくださいました。まとめると，

- 双方の家族が一同に会して，お互いの気持ちや経済的苦難に対する恐れを取り除くための展望を話し合ってみたらどうか。
- ハンナ，あなたはティムに，家に戻ってまた一緒に暮らしてほしいと頼みました。

- ティム，あなたは，現在住んでいる場所の貸家代を払わなくて済むので，それは経済的に助かると感謝しました。
- おふたりとも，ローラともっと一緒の時間を過ごし，彼女のニーズに応えたりあなた方の関係を修復したりするべきだと同意しました。

これらのアイデアを実行することが，どれほどあなた方の懸念を取り除くか，私は今も考えています。次週までに引き続き考えてきてほしい質問もいくつかあります。

- これらの合意事項は，あなた方が望ましいとする関係を再構築するために取り組むこととしてとらえられるか。
- 家族間関係の向上と，再び同居することが，あなた方を悩ませてきた経済的問題にどう影響を及ぼすか。
- 次週に話し合えるような，これらの出来事が生じているという兆しがあるか。

次の金曜日に，これらの質問についてのあなた方の考えや他のアイデアを話し合うのを楽しみにしています。

　敬具　サイモン

　この手紙にあるいくつかのポイントを指摘すべきだろう。まず，2段落目にナラティヴ用語でいう外在化を利用している。つまり，当事者たちに言葉の影響を引き続き持続させるために，対立を「一連の難しい出来事」や「それ」と呼んでいる。

　次に，当事者本人をではなく，問題の状況自体が影響を及ぼしたことを非難している。つまり，手紙はミーティングで破ることができた壁を，しかし今では忘れられているかもしれないこの事実を，当事者に思い出させることを目的としている。

　3つ目に，手紙は当事者が使ったキーワードをいくつかそのまま使って

第6章 変化を持続させる

いる。そうすることで、そのキーワードの影響を長引かせている。

4つ目に、調停者は対立の物語と対照的に出現してきた相反する物語の要素にも言及している。この物語は、2人の間に起こってきた（新しい関係を再構築しようとする）全面的な意欲や希望の表現に表れている。また、それはいくつかの提案ともつながっており、まだ合意とは呼べないが検討中なのは明らかである。それぞれの提案が、全面的な意欲や希望としっかりつながって、相反する物語中の出来事の筋道となるだろう。

最後に、調停者は手紙の中で当事者に、次週までに考えてきてほしい質問をいくつか挙げている。これらの質問で、相反する物語の構想に重要性を加味し、当事者たちがこの構想の発展に寄与するように求めている。

◇要点のまとめ◇

- 対立の中で当事者の非難の視点にとらわれたとき、調停者の公平で好奇心旺盛な姿勢は失われる。その場合、困難な対立に取り組むのに必要な創造性や柔軟性も失うことになる。
- 対立するナラティヴに相反するナラティヴは、対立的ではない数々の出来事に頼っている。相反するナラティヴを形作る構想、登場人物、テーマや物語の筋は、対立的でない出来事を基盤として発展し、厚みがつけられ、練られる。
- 尊敬し合い相互に理解しあう内容のナラティヴの構築は、協調と合意の物語を持続させる基盤となる。
- 非友好的な環境の中で無理やり合意がなされた場合、たいていすぐに状況が覆されたり、相手を病的にみなす視点や非難すべき悪意が再度出現したりする。
- 単一のナラティヴでは、社会の中で自分が何者であるかや関与する対人関係をすべて含むことはできない。私たちのアイデンティティや人との関係は、多角的で多重の物語を織り成す。

・謝罪や許容は，対立ナラティヴの結末というよりは，起こりうる相反する物語の一段階または一出来事である。
・謝罪に続く信頼の再構築に費やされる努力は，信頼のナラティヴを支えるほかの出来事とつながる必要がある。つまり，謝罪の言葉がそれに続く行動とつながって初めて，信頼を築いていける。

第7章

意図的にスキルを活用する

　対立解決に向けた取り組みすべての根底には，当事者たち全員（第三者である調停者も含む）の変化を望む努力がある。対立を解決しようとする誠実な努力は，会話が煮詰まったときに起こるもつれ，焦り，そしてボロボロな状況を通り過ぎたいという願望からにじみ出る。たとえ調停者が，無理強いの咎めを避けるのに影響力のある役割を控えめに演じるとしても，対立中の当事者がより深い相互理解や合意に至る変化を遂げる経緯には，どんな調停者も興味を示すものである。

　したがって，変化の過程についての要約でこの本を終えることには意義がある。私たちは何年もの間，ミラーとロールニック（Miller & Rollnick, 2002）の「動機付け面接法（MI：motivational interviewing）」とナラティヴメディエーションの間にあるつながりに感銘を受けてきた。この章では，ナラティヴメディエーションと動機付け面接法から引用するいくつかの共通概念を，部分的に記録していく。動機付け面接法とは，調停者が対立状況に有益な変化を起こすため，段階を追ってその勢いをつけていく一方法である。

　ミラーとロールニックは，単純な「はい」と「いいえ」の決断の結果としては変化はめったに起こらないが，緊張状態，あいまいさ，そして不確かさに覆われた多角的でダイナミックな過程を経て起こるものと主張する。

変化を起こして何か別のことを始めるのは難しい。変化をしないことで得られる利益を失う可能性があるからである。ナラティヴの実践家はこの複雑性を理解し，「複数のナラティヴが注意を向けてほしいと競い合う状態」と表現する。

　ミラーとロールニックにとって，変化を起こす動機付けは個人の心の中で生まれるものではなく，他者とのやりとりから生まれるものである。変化することについての対話がどれほど心地よく響くかによって，動機付けの強さも変動する。社会的構造主義の立場に立つ私たちとしては，この考え方に賛同する。調停者またはカウンセリング実践者として成功する秘訣は，ある瞬間に適切で必要な会話を促す実践スキルを身につけることである。その瞬間とは，相反する物語を受け入れる動機が高まる瞬間である。変化が必要だという事実を受け入れるには程遠い場合もある。そのような段階にいる人々はおそらく，対立の物語を守り続けるよりも，変化がもたらす恩恵のほうが望ましいという想像がまだつかないでいる。このような場合に相反する物語を押し付けると，強制的・高圧的に感じられてしまう。一方で，変化を起こそうと決断力を持って前進している場合は，あとは変化の起こし方に専念すればよい。この時点で対立物語の影響を振り返らせようとすると，当事者をイライラさせたり困惑させたりするだけである。すなわち必要なのは，変化のサイクルにおいて彼らがどの段階にいるかを踏まえた会話の持っていき方（強調の仕方）なのである。

　プロハスカら（Prochaska et al., 1992）は，変化の過程を一連の論理的段階に分けた。前熟考の段階，熟考の段階，準備の段階，行動の段階，維持の段階，そして再発の段階である。まず対立の状態に注目すると，人々が対立自体に巻き込まれ，意見の相違に折り合いをつけるという考えがまったく頭に浮かばない状態が前熟考の段階である。熟考の段階では，対立について懸念し始め，解決に向け行動を起こすことを考え始めるが，まだ決断できない状態にある。準備段階では，解決したほうが好ましいと確信し，自分たちの間であるいは他者と，解決への最良の方略を議論してい

る。最良の方略について決断が下されると，変化への動きが起こる行動の段階に移る。しかし，最初の変化への熱意や勢いが弱まることもあり，そうすると次の維持の段階で，変化を持続させ暮らしの中に織り込むために，気をつけておく必要がある。変化が安定すれば，変化の過程から抜け出ることとなる。

　動機付け面接法とナラティヴ実践に共通の，多くの基本条件を挙げよう。動機付け面接法と同様，ナラティヴメディエーションの実践でも，①変化への動機を最大限に引き出し，効果的に前進するために，当事者が変化の段階のどこにいるかについて判定する必要がある。また，②その判定にクライエントの判断を尊重し，問題状況の複雑さや難しさを認めることに重きを置く。さらに，③ためらいを落ち度とせず，複数の物語を理解しようとするときよく経験するものと認める。両方のアプローチはまた，④人間を欠陥ある病的な生き物とみなすより，レジリエンシー（弾力性）を持つ生き物としてみなし信用することを強調する。両方のアプローチの実践家は，⑤人はそれぞれの生き方の専門家であり自立した選択をする権利がある，という前提に立って好奇心を示す立場をとり協調関係に価値をおく。

　ここで変化の段階を実際に，動機を高め変化に向かって前進する，最もわかりやすいナラティヴ実践例に結びつけて説明する。

前熟考の段階：この段階では，人々は自分のやっていることは変えられる，と認識するには至っていない。典型的には，相手側を問題の種とみなすことに気を取られるあまり，複数の物語の可能性について意識できないでいる。動機付け面接法では，問題の一因を成している根拠を当事者に見直させる。ナラティヴメディエーションでは，最初双方と別々のミーティングを持つ理由の1つとして，一方が対立の解決を考えているのに対して，もう一方はまだこの段階にいることがよくある。別々のミーティングで，対立上の問題を挙げる機会を当事者に提供し，何らかの形の解決を考える段階へと導く。

ナラティヴ実践では，二重傾聴を使って競い合う物語を明るみに出す。この段階で大事なのは，当事者自身が変化を追求しようという意欲を起こす前に，変化を振り返ったり解決に向けた方略に早く移行しすぎたりして，変化そのものを妨害しないことである。ためらいの経験を重視し，ジレンマを起こすような質問をして，当事者が変化を熟考するよう促す。それが，次の段階である。

　熟考の段階：この段階ではまず，調停者と当事者との間のやりとりで，対立の物語を掘り下げる。人々は対立の先にある対極線上の行き先，つまり深刻化側と解決側から引っ張られる。このジレンマの一面では，未だ優勢なナラティヴから抜け出せないでいる。このナラティヴで本人は，他人が起こしている問題にとらわれた心優しい俳優を演じている。当人は，相手が問題の原因に責任を持てば状況は改善すると信じている。ジレンマの別の一面では，対立に影響を及ぼしている複数のナラティヴについてよく理解し，新しい行動を起こすという考えを受け入れている。新しい行動への意欲はたいてい，対立が引き起こしている被害規模を分析して初めて起きてくる。対立が分析されないままでいると，ますます変化は実行不可能になる。

　外在化の対話によって，熟考の程度を深められる。「対立」を四角い部屋の真ん中に据えて，部屋のどの位置からも等間隔で見ることができるからである。さらに，外在化を厳しく実践すれば，当事者と同様に調停者も，人の壊れた性質や人格に問題があると決めつけること，つまり人を病的にみなす衝動を抑えることができる。人々に及ぶ問題の影響をマッピングするナラティヴ技法を用いれば，変化への行動力を強めることができる。特に，会話でこれらの影響が，人々にとって選択肢を広げるのではなく狭めているとわかったとき，その効果がある。そんなとき人は，未知の可能性のために，すでに知っていることや慣れ親しんでいることを進んで犠牲にするほど感化される。対立による影響への憤りで，対立の解決イコール相

手の要求を呑むこと，という誤解を十分に覆せる。変化は，変化を起こす理由が変化を起こさない理由を凌いで初めて起こせるものである。

ナラティヴメディエーションでは，対立やその影響を評価する作業を当事者にさせるとき，熟考の過程のクライマックスに達する。「これらのすべてをあなたは受け入れられますか？」という直接的な質問で，対立の物語がまだ力を持続しているか，または別の方向に向かっているかがわかり，ジレンマを解決できる。人々が一連の新しい行動を好ましく捉えていると言ったとき，変化へのドアを開け一歩を踏み出し，次の準備段階に進む。この時点で，調停者の焦点も変わる。もはや対立の物語を掘り下げることはせず，相反する物語を発展させることに集中する。当事者の変化への意欲を，「どうして物事を解決するほうがいいと思うのですか」という質問で確認する。この質問への答えで，相反する物語にさらに一歩踏み込んでいける。

準備の段階：プロハスカら（Prochaska et al., 1992）は，この段階を「変化を起こす前にその方略を練る段階」と説明する。ナラティヴ実践では，この段階と次の行動の段階との間を行ったり来たりする。その論理として，ある特定の人生や関係性の環境の中にすでに前例があれば，行動がより生産的になる，という考え方がある。したがって，ナラティヴの実践家はよく，すでに出ているユニークな結果を探し求め，行動の段階に進めるナラティヴに発展させようとする。二重傾聴ですでに，相反するナラティヴを示す態度や行動を拾い集めている。そして，ユニークな結果が人生にもたらした，またはこれからもたらす影響について，質問する。こうして行動を起こす意味や可能性を高めるのである。動機付け面接法でも，相反する物語の側に傾倒するにしたがって，その新しい物語を進める意欲が高まり，よって行動の段階に入る。

行動の段階：メディエーションにおけるこの段階は，当事者が相互理解を発展させ，どう前進していくかについて合意を生み出すときである。メディエーションの中では，協調の相反するナラティヴに本格的に専念しようとしても，まだ影に潜んでいる対立のナラティヴに圧倒されやすいがために，脆弱な段階である。計画・方略に徹底的に専念し，忠実に実行すれば前進できるはずである。新しい現体験の1つひとつが協調のナラティヴを強め，プロハスカと彼の同僚が呼ぶ「維持または持続の段階」，すなわち新しい関係性のナラティヴがしっかり組み込まれた段階に向かう。

　維持の段階：ナラティヴメディエーションでは，新生の相反するナラティヴに観衆の存在があれば，しっかり根を下ろすものとする。直接的あるいは間接的に新しい合意にかかわる人々は，以前は対立状態にあった当事者の決心を強化できる立場にある。しかし，この観衆が変化を支持しなければ，結託してその変化を徐々に弱らせたり新しい理解を不安定にしたりする。問題の浸み込んだ力が蘇り，合意はあっという間に解消され，協調のナラティヴも維持されなくなる。

　再発の段階：動機付け面接法では，古い習慣や行動が戻ってくることを「再発」と呼ぶ。変化の過程の初期段階，たいていは熟考の段階に戻る兆しを示す。しかし，変化の予測しうる一面として，再発の段階はいたって正常な段階ともいえるし，新しい変化が確立する前に3，4段階間を行きつ戻りつすることもある。ナラティヴメディエーションでは，個人が合意や非合意の間を何度も行き来するという予測を標準とはみなさないが，問題のある関係性の物語が勢力を盛り返して，過程の段階を繰り返すことはよくあると認めている。

　明敏なナラティヴの実践家であれば，協調のナラティヴが，問題の浸透したナラティヴやそのナラティヴに影響を及ぼしている文化的ディスコー

第7章　意図的にスキルを活用する

スに対して脆弱であることは，現実的に理解しているはずである。したがって，再発を予測して計画を練らなければならない。理解や合意に至ったとき，ナラティヴの調停者は，変化を支持することからその変化が生き残る可能性についての質問に焦点を移行する。よって質問の内容は変わり，新生ナラティヴを保護することに集中する必要がある。例えば，以下のような質問が挙げられる。

- うまくいかないかもしれないのはどんなことでしょうか？　また，それにどう対応しますか。
- もし再び対立の状況に陥ったら，あなたがたった今至った相互理解を脅かす物事をうまくかわすのに，どんな手を使いますか。
- 新しい困難が立ちはだかったとき，覚えているほどうまくいった過去の経験では，どのように対応していましたか。
- 事態が難しくなってきたとき，対立の状態に戻ろうとする誘惑にはどう抵抗しますか。

　この章で，前章までに述べてきた実践例をみてもわかる通り，技法を利用するタイミングは非常に重要だと今一度指摘したい。変化の過程の渦中にいる人間には特に重要である。過程のある時点では，対立を掘り下げるため好奇心から出る質問をたくさんすることが重要となる。別の時点では，相反する物語を展開するため二重傾聴が役に立つ。より深い理解や協調の物語に移行し始めているときには，焦点を変え，対立の物語を掘り下げる時点に戻る意味はほとんどない。その代わり，調停者は相反する物語の中で何が発展可能か，また維持が可能かを尋ねていく必要がある。
　この章，そしてこの本を締めくくるにあたって，ナラティヴメディエーションを実践する方法について，具体的な理解を得られたことを願う。これまで，物事の背後にある動機について説明し，多種多様で有用な質問例を提供し，対立コーチングや会議，メディエーションにおける多くのナラ

ティヴ例を提示してきた。「こじれた話」に引き込まれた人々が，その経験の新しい側面を切り開くのに，この本に収めた例が倫理的にも沿っていて参考になる対話だと悟っていただけたなら，本望である。また，実践家がこれらのアイデアを，例えば学校，企業，地域，家庭，医療現場などの様々な場面で応用しようと刺激を受けてくだされば，この本のねらいは達成できたといえる。

文献

Beaudoin, M-N., & Taylor, M. (2009). *Responding to the culture of bullying and disrespect* (2nd Ed.). Thousand Oaks, CA: Corwin Press.

Berger, P. L., & Luckmann, T. (1966). *The social construction of reality: A treatise in the sociology of knowledge*. Garden City, NY: Anchor Books.

Bruner, J. (1986). *Actual minds, possible worlds*. Cambridge, MA: Harvard University Press.

Burr, V. (2003). *Social Constructionism* (2nd Ed.). London, UK: Routledge.

Cobb, S. (1993). Empowerment and mediation-A narrative perspective. *Negotiation Journal*, **9**, 245-259.

Cobb, S. (2012). *Speaking of violence: The poetics and politics of narrative dynamics in conflict resolution*. New York, NY: Oxford University Press.

Davies, B., & Harré, R. (1990). Positioning: The discursive production of selves. *Journal for the Theory of Social Behavior*, **20**, 43-63.

Deleuze, G. (1988). *Foucault* (S. Hand, Trans.). Minneapolis, MN: University of Minnesota Press.

Deleuze, G. (1995). *Negotiations* (M. Joughin, Trans.). New York, NY: Columbia University Press.

Deleuze, G., & Guattari, F. (1994). *What is philosophy?* (H. Tomlinson, & G. Burchell, Trans.). New York, NY: Columbia University Press.

Emery, R.E. (1995). Divorce mediation: Negotiating agreements and renegotiating relationships. *Family Relations*, **44**, 377-383.

Fisher, R., Ury, W., & Patton, B. (2011). *Getting to yes: Negotiating agreement without giving in* (Revised Ed.). London, UK: Penguin.

Foucault, M. (1972). *The order of things: An archaeology of the human sciences*. New York, NY: Pantheon.

Foucault, M. (1978). *The history of sexuality: An introduction: Vol. 1* (R. Hurley, Trans.). New York, NY: Vintage Books.

Foucault, M. (1980). *Power/knowledge: Selected interviews and other writings*. New York, NY: Pantheon Books.

Foucault, M. (1982). Afterword: the subject and power. In H. Dreyfus, & P. Rabinow (Eds.), *Michel Foucault: Beyond Structuralism and Hermeneutics* (pp.199-226). Brighton, U.K.: Harvester Press.

Foucault, M. (1989). *Foucault live* (*Interviews 1966/84*). (S. Lotringer, Ed. J. Johnston, Trans.). New York, NY: Semiotext.

Foucault, M. (2000). *Power: Essential works of Foucault, 1954-1984* (Vol. 3). (J. Faubion, Ed. R. Hurley, Trans.). New York, NY: New Press.

Geertz, C. (1983). *Local knowledge: Further essays in interpretive anthropology*. New York, NY: Basic Books.

Gergen, K. (2009). *An Invitation to Social Construction* (2nd Ed.). Thousand Oaks, CA: Sage.

Gougaud, H. (2000). *Contes du Pacifique*. Paris, France : Seuil.

Hedtke, L., & Winslade, J. (2004). *Re-membering lives : Conversations with the dying and the bereaved*. Amityville, NY : Baywood Publishing.

Kohn, L.T., Corrigan, J. M., & Donaldson, M. S. (2000). *To err is human : Building a safer Health System Committee on quality of health care in America*. Washington, DC : Institute of Medicine / National Academy Press.

Longfellow, H. W. (2000). Table-talk. In *Henry Wadsworth Longfellow : Poems and other writings* (J.D. McLatchy, Ed.) (pp.796-799). New York, NY : Library of America.

Lyotard, J-F. (1984). *The postmodern condition : A report on knowledge* (G. Bennington, & B. Massumi, Trans.). Minneapolis, MN : University of Minnesota Press.

Miller, W. R., & Rollnick, S. (2002). *Motivational interviewing* (2nd Ed.). New York, NY : The Guilford Press.

Monk, G., Winslade, J., & Sinclair, S. (2008). *New horizons in multicultural counseling*. Thousand Oaks, CA : Sage.

Moore, C. (1996). *The mediation process : Practical strategies for resolving conflict*. San Francisco, CA : Jossey Bass.

Morgan, A. (2000). *What is narrative therapy? An easy-to-read introduction*. Adelaide, AU : Dulwich Centre Publications.

Nelson, H. L. (2001). *Damaged identities ; Narrative repair*. London, U.K. : Cornell University Press.

Pearce, W. B. (2007). *Making social worlds : A communication perspective*. Malden, MA : Blackwell.

Prochaska, J.O., DiClemente, C.C., & Norcross, J.C. (1992). In search of how people change. Applications to addictive behaviors. *American Psychologist*, **47**, 1102-1114.

Restorative Practices Development Team. (2004). *Restorative practices in schools : A resource*. Hamilton, New Zealand : School of Education, University of Waikato.

Westmark, T., Offenberg, L., & Nissen, D. (2011). *Explorations : An E-Journal of narrative practice, 2011*, 21-35.

White, M. (1989). The externalisation of the problem and the re-authoring of relationships. In M. White, *Selected papers* (pp.3-21). Adelaide, South Australia : Dulwich Centre.

White, M. (2000). Re-engaging with history : The absent but implicit. In M. White, *Reflections on narrative practice : Essays & interviews*. Adelaide, Australia : Dulwich Centre Publications.

White, M. (2007). *Maps of narrative practice*. New York, NY : Norton.

White, M., & Epston, D. (1990). *Narrative means to therapeutic ends*. New York, NY : Norton.

Winslade, J., & Monk, G. (2000). *Narrative mediation : A new approach to conflict resolution*. San Francisco, CA : Jossey Bass.

Winslade, J., & Monk, G. (2008). *Practicing narrative mediation : Loosening the grip of conflict*. San Francisco, CA : Jossey Bass.

Winslade, J., & Williams, M. (2012). *Safe and peaceful schools : Addressing conflict and eliminating violence*. Thousand Oaks, CA : Corwin Press.

Wu, A. W. (2007). Medical error: the second victim. The doctor who makes the mistake needs help too. *British Medical Journal*, **320**, 726-727.

訳者あとがき

　サンディエゴ州立大学大学院在学中にご教示いただいたモンク教授（Dr. Gerald Monk）から本書の翻訳依頼があったとき，私は迷わず協力する意思を伝えた。理由は3つある。まず，第一に在学中に出会ったナラティヴカウンセリングやナラティヴメディエーションの理論・技法に共感し，それらはプログラムで一年目から始まる実習中にすぐに応用できるほど実践性があること。また現在，私自身学校現場におけるナラティヴカウンセリングの実践を通して，その理論の理解を深め技法を習得しつつあること。第二に，日本の先行研究・実践書でも指摘されるとおり，ナラティヴ・アプローチは医療，看護，心理，教育，福祉などの臨床領域における実践的方法として，社会学や文化人類学における研究方法として，また，司法領域における紛争解決や企業経営・組織経営の手法としても新たに注目されており（野口，2009），日本での浸透が著しいこと。第三に，本書の原著が全7章136ページで簡潔に構成された入門書でありつつ，事例をふんだんに盛り込んだ応用書としても位置づけることができ，これを読めばナラティヴメディエーションとは何か，どう活用するかが瞬時にわかるメリットがあったこと。翻訳を通じてこれらの理由を超える収穫が，サイコロジストとしての私自身のキャリアに見込まれたことも決して否定しない。

　本書の翻訳にあたって，在学中の教科書であった原著 *Narrative Counseling in Schools* と翻訳書『新しいスクールカウンセリング─学校におけるナラティヴ・アプローチ』を読み比べ，さらに哲学的・理論的枠組みを強固にするため，『ナラティヴ・アプローチの理論から実践まで─希望を掘りあてる考古学』を読み返した。「これは使える！」というナラティヴカウンセリングとの本格的な出会いから10年後の復習だったが，その過程でその思いを強くした。また，日本語に既に訳されているキーワードの参

考にもなり，日本の臨床現場での実践動向や日本語での概念理解にも役立った。

　本書の前著『ナラティヴメディエーション─調停・仲裁・対立解決への新しいアプローチ』は，哲学的な枠組みからメディエーションの実践方法を描き，位置づけている。本書は著者が指摘するように，実際に様々な対立解決場面で使えるアイデアをより簡潔に，平易かつ奥深い文章で伝えようとしたものである。本書を読みさらに興味が沸いた方，理論的背景を熟知したい方，実践方法の場面の多様性を深めたい方は，上述の著作を参照されたい。

　本書は，北大路書房編集部の薄木敏之さんのご英断，協力，忍耐なしに出版には至らなかった。ここに心からの感謝を申し上げたい。著者の一人であるモンク教授にも，メールで確認事項のやり取りをした。本書のキーワードでもある「好奇心」に溢れたモンク教授は，自身の専門分野を通して異文化間交流，国際交流に積極的かつ興味深く取り組んでおられる方である。本書がその一端を担えれば，訳者として本望を全うしたといえる。また，ナラティヴ理論の大まかな枠組みとナラティヴメディエーションの実践を簡潔に記した本書から，読者が何かを掴み取り，日々の人間関係のこじれに応用するとき，モンク教授とウィンスレイド教授の意図するものが達成したといえるだろう。

2014年3月　サンディエゴにて

〈参考文献〉

Winslade, J. & Monk, G.（1999）*Narrative counseling in schools : Powerful & brief.* Corwin Press, Inc.

J. ウィンズレイド・G. モンク（著）小森康永（訳）（2001）『新しいスクールカウン

セリング―学校におけるナラティヴ・アプローチ』金剛出版
G. モンク・J. ウィンズレイド・K. クロケット・D. エプストン（編）国重浩一・バーナード紫（訳）（2008）『ナラティヴ・アプローチの理論から実践まで―希望を掘りあてる考古学』北大路書房
野口裕二（編）（2009）『ナラティヴ・アプローチ』勁草書房
J. ウィンズレイド・G. モンク（著）国重浩一・バーナード紫（訳）（2010）『ナラティヴ・メディエーション―調停・仲裁・対立解決への新しいアプローチ』北大路書房

著者紹介

ジェラルド・モンク (Gerald Monk)

　Dr. ジェラルド・モンクは，サンディエゴ州立大学院カウンセリング＆学校心理学部の教授，タオス協会の共同経営者，カリフォルニア州マリッジ・ファミリーセラピストである。また，MGLヘルスケア・コミュニケーションズ＆コンフリクト・トランスフォーメーションの共同設立者，トレイナー，コンサルタントでもあり，医療ミスに伴う高額の争いに取り組んでいる。渡米以前はニュージーランドにて，15年間サイコロジスト，メディエーターとして従事していた。社会的構造主義の理論を普及させることと，ナラティヴメディエーションの応用を広めることに情熱を持つ。ジェラルドは，北アメリカ，ヨーロッパ，東南アジアや中東にてメディエーションについての数多くのワークショップで講師を務める。キプロスでメディエーションワークショップを開催するため，平和教育のためのフレッド・J・ハンセン助成金の受給者でもある。

　ジェラルドの数多くの共同論文，共著は，世界6か国以上の言語に翻訳されている。そのうちのいくつかに，*Narrative Therapy in Practice: The Archaeology of Hope* (1997)（邦訳『ナラティヴ・アプローチの理論から実践まで―希望を掘りあてる考古学』2008年），*Narrative Mediation: A New Approach to Conflict Resolution* (2000)（邦訳『ナラティヴ・メディエーション―調停・仲裁・対立解決への新しいアプローチ』2010年），*New Horizons in Multicultural Counseling* (2008)，*Practicing Narrative Mediation: Loosening the grip of conflict* (2008) がある。

ジョン・ウィンズレイド (John Winslade)

　ジョン・ウィンズレイド (Ph.D) は，タオス協会の共同経営者，カリフォルニア州立大学サンバーナーディノ校の教授である。スクールカウンセリングを教えており，教育学部の副学部長でもある。以前は，ニュージーランドのハミルトン市にあるワイカト大学に10年間在籍し，現在も非常勤で教えている。

　カリフォルニア州立大学ドミンゲスヒルズ校にて非常勤講師としてメディエーションを教授。また，デンマーク・ディスプックインスティテュートの教員養成プ

ログラムや，カナダ・ウォータールー大学の一部であるコンラッドグレベル大学においても定期的に教鞭をとる。

　ジョンはナラティヴセラピーやナラティヴメディエーション，多文化カウンセリングについての9冊の共著の他，多くの論文，本の章を執筆している。これらは，日本語，韓国語，中国語，ロシア語，スペイン語，ドイツ語，そしてデンマーク語に翻訳されている。

　過去に，スクールカウンセラー，ユースワーカー，ファミリーセラピスト，メディエーターとして活動している。プレゼンターとしても経験豊富であり，北アメリカ，ヨーロッパ，アジア，オーストラレーシア（オーストラリア，ニュージーランド，南太平洋諸島）においてナラティヴセラピーやメディエーションについてワークショップ講師を務める。

　メールアドレス：jwinslad@csusb.edu

訳者略歴

池田真依子（いけだ　まいこ）

カリフォルニア州スクールサイコロジスト。筑波大学大学院教育研究科修了。公立中学校相談員や臨床教育カウンセラー，小学校講師を経た後，サンディエゴ州立大学大学院スクールサイコロジープログラムに入学。Ed.S.（Educational Specialist）の学位とともに，全米スクールサイコロジストのライセンス（NCSP: Nationally Certified School Psychologist）を取得後，現職に至る。

話がこじれたときの会話術
― ナラティブ・メディエーションのふだん使い ―

2014年 6 月10日　初版第 1 刷印刷	定価はカバーに表示
2014年 6 月20日　初版第 1 刷発行	してあります。

編　著　者	G．モンク
	J．ウィンズレイド
訳　　　者	池田真依子
発　行　所	㈱北大路書房

〒603-8303　京都市北区紫野十二坊町12-8
　　　　　　　電　話　(075) 431-0361 ㈹
　　　　　　　ＦＡＸ　(075) 431-9393
　　　　　　　振　替　01050-4-2083

© 2014　　　　　　　　　　印刷・製本／亜細亜印刷㈱
　　　　　検印省略　落丁・乱丁本はお取り換えいたします。
ISBN978-4-7628-2860-7　　　　　Printed in Japan

・JCOPY 〈㈳出版者著作権管理機構 委託出版物〉
　本書の無断複写は著作権法上での例外を除き禁じられています。
　複写される場合は，そのつど事前に，㈳出版者著作権管理機構
　（電話 03-3513-6969,FAX 03-3513-6979,e-mail: info@jcopy.or.jp)
　の許諾を得てください。